Isabelle Vernay
Valérie Ogier

Comment coacher une équipe multiculturelle?

I0123702

Isabelle Vernay
Valérie Ogier

Comment coacher une équipe multiculturelle?

La dernière fois que j'ai été peint en blanc

Experts

Impressum / Mentions légales
Bibliografische Information der Deutschen Nationalbibliothek: Die Deutsche Nationalbibliothek verzeichnet diese Publikation in der Deutschen Nationalbibliografie; detaillierte bibliografische Daten sind im Internet über http://dnb.d-nb.de abrufbar.
Alle in diesem Buch genannten Marken und Produktnamen unterliegen warenzeichen-, marken- oder patentrechtlichem Schutz bzw. sind Warenzeichen oder eingetragene Warenzeichen der jeweiligen Inhaber. Die Wiedergabe von Marken, Produktnamen, Gebrauchsnamen, Handelsnamen, Warenbezeichnungen u.s.w. in diesem Werk berechtigt auch ohne besondere Kennzeichnung nicht zu der Annahme, dass solche Namen im Sinne der Warenzeichen- und Markenschutzgesetzgebung als frei zu betrachten wären und daher von jedermann benutzt werden dürften.

Information bibliographique publiée par la Deutsche Nationalbibliothek: La Deutsche Nationalbibliothek inscrit cette publication à la Deutsche Nationalbibliografie; des données bibliographiques détaillées sont disponibles sur internet à l'adresse http://dnb.d-nb.de.
Toutes marques et noms de produits mentionnés dans ce livre demeurent sous la protection des marques, des marques déposées et des brevets, et sont des marques ou des marques déposées de leurs détenteurs respectifs. L'utilisation des marques, noms de produits, noms communs, noms commerciaux, descriptions de produits, etc, même sans qu'ils soient mentionnés de façon particulière dans ce livre ne signifie en aucune façon que ces noms peuvent être utilisés sans restriction à l'égard de la législation pour la protection des marques et des marques déposées et pourraient donc être utilisés par quiconque.

Coverbild / Photo de couverture: www.ingimage.com

Verlag / Editeur:
Éditions Vie
ist ein Imprint der / est une marque déposée de
OmniScriptum GmbH & Co. KG
Heinrich-Böcking-Str. 6-8, 66121 Saarbrücken, Deutschland / Allemagne
Email: info@editions-vie.com

Herstellung: siehe letzte Seite /
Impression: voir la dernière page
ISBN: 978-3-639-85517-3

Copyright / Droit d'auteur © 2015 OmniScriptum GmbH & Co. KG
Alle Rechte vorbehalten. / Tous droits réservés. Saarbrücken 2015

Comment coacher
une équipe multiculturelle ?

La dernière fois que j'ai été peint en blanc

Isabelle Vernay
Valérie Ogier

Présentation des auteures

Isabelle Vernay est formatrice et coach, spécialisée dans les politiques d'égalité et le management de la diversité. Elle a piloté pendant 6 ans un programme européen pour l'égalité femmes-hommes dans la vie publique en Région Rhône-Alpes. Outre son engagement dans les projets de lutte contre les discriminations et de management de la diversité, elle intervient aujourd'hui dans le conseil en ressources humaines et en management auprès des entreprises et des collectivités locales.

Valérie Ogier est cofondatrice du Centre international du coach et praticienne depuis 20 ans du coaching individuel et d'équipe. Après un parcours dans le champ professionnel de l'accompagnement individuel et collectif, elle a cofondé le Centre international du coach pour vivre ses passions que sont la recherche, la transmission et le coaching.

Sommaire

Préambule

Il était une fois… une jeune femme   5

Livre I : Comprendre   15

    Groupes d'appartenance et relations intergroupes   17

    Les stéréotypes   33

    Les croyances   61

Livre II : Agir   77

    Le décentrage de niveau I   79

    Le décentrage de niveau II :
faire exploser les catégories   95

    Le décentrage de niveau II :
ramollir les croyances limitantes   107

    Utiliser le cerveau émotionnel pour créer du lien   123

    Développer la créativité interculturelle   133

Il était une fois... une jeune femme

Lauren Jones, avec l'énergie d'une jeune Américaine, pénétra dans le bureau de son nouveau patron pour avoir des précisions sur le poste de chef de projet qu'elle allait occuper dorénavant. « J'ai fait un stage aux États-Unis pendant mes études, j'ai adoré ce pays ! », lui avait-il lancé joyeusement lors de son entretien d'embauche. « Je suis convaincu que vous nous apporterez beaucoup », avait-il ajouté et Lauren s'était alors demandé quelle part avaient pris dans sa décision de l'embaucher les souvenirs qu'elle éveillait chez son jeune patron.

Cette fois, le directeur lui expliqua ce qu'il attendait d'elle : gérer l'équipe d'ingénieurs-concepteurs, ainsi que deux commerciaux en cours de recrutement qui seraient chargés de promouvoir les produits à l'étranger. « Vous serez le fer de lance de notre nouvelle organisation : la transversalité, le travail en mode projet, je veux des services décloisonnés et cette entreprise doit devenir d'ici trois ans un acteur majeur de la cosmétique bio en Europe ! » Son enthousiasme était contagieux et Lauren se réjouit de ce nouveau défi. « Mais vous aurez aussi un gros travail de management à réaliser avec les ingénieurs. Ils sont trop, comment dire…, orientés "recherche", et pas assez "efficacité". Vous comprenez, nous en France, nous avons ce problème : la tête dans les étoiles et l'eau qui nous file entre les doigts sans qu'on s'en rende compte. Ces ingénieurs sont bons mais j'attends plus de concret. Vous qui avez la culture du résultat dans le sang, vous allez leur mettre un bon coup de fouet ! » Le français de Lauren ne lui permit pas de saisir complètement ce que les étoiles, le sang et le fouet venaient faire ici mais elle comprenait que les véritables enjeux de sa venue se dévoilaient petit à petit.

Le lendemain, elle rencontra M. Chambon, le fondateur de la société, venu rendre une visite de courtoisie avant son départ définitif. C'était un homme âgé et souriant. Il lui raconta longuement l'histoire de l'entreprise : son doctorat en chimie obtenu il y a cinquante ans, son idée d'utiliser les fleurs de sa région natale pour créer une crème hydratante aux effluves délicats, le succès rapide, l'embauche de trois salariés, puis dix, vingt, la structuration en services production, expédition, administratif. Pas de service commercial à l'époque, non, tous les clients étaient de la région. «Vous voyez mon petit, je connaissais toutes les pharmacies et autres herboristeries du département, j'y allais moi-même, le commercial, c'était moi, quand je n'étais pas dans mon laboratoire ! Aujourd'hui c'est impossible bien sûr, nous vendons dans toute la France, bientôt dans le monde.» Son regard s'égara un peu et Lauren attendit patiemment qu'il reprît le fil de son histoire. «Mes enfants n'ont pas voulu reprendre l'affaire, et moi, ça ne m'intéresse pas de gérer une entreprise, les parts de marché, la croissance, tout ça. Ce qui me plaisait à moi, c'étaient les fleurs, et la recherche de nouvelles formules ! Alors j'ai vendu l'entreprise, à quelqu'un de jeune, qui a d'autres idées. Nouveau temps, nouvelles mœurs ! Et vous, qu'est-ce qui vous a poussé vers la chimie ?» demanda-t-il et Lauren sentit que le vieil homme fondait quelques espoirs non dits dans sa question.

Elle fit ensuite connaissance avec le responsable du service production, un ancien qui avait démarré comme commis, puis avait occupé à peu près tous les postes de l'entreprise avant de monter en grade. Il lui présenta fièrement l'atelier, dans lequel s'activaient une trentaine d'ouvrières en blouses blanches, manipulant des fioles. «Que des femmes ! s'exclama-t-il. Pour la production, ça oui, elles sont indispensables.» «Et, pourquoi, hasarda Lauren ?» «Mais parce qu'elles sont bien plus minutieuses, pardi ! Pour manipuler ces petites fioles, il faut des petits doigts et beaucoup d'attention. Les femmes sont bien meilleures pour ça. Vous voyez ici, nous n'avons pas de problèmes avec l'égalité, il y a bien plus de femmes que d'hommes dans cette entreprise.» «Mais vous qui êtes leur chef, vous êtes un homme», dit Lauren avec un regard malicieux, de même que tous les responsables de l'entreprise ! «Ah oui ! s'exclama l'autre, c'est que c'est des responsabilités, la gestion d'équipe, ça demande des compétences». Lauren n'eut pas le temps de lui demander quelles compétences la gestion d'équipe nécessiterait que les femmes n'auraient pas, car l'homme s'était déjà esquivé au milieu de ses cartons en lui lançant un «bon, je vous laisse, j'ai du travail!».

La rencontre avec sa propre équipe – quatre ingénieurs, en attendant l'arrivée des deux commerciaux – fut la plus difficile. Déjà, l'un d'entre eux était en arrêt maladie depuis la veille, et les trois autres se montraient sur la réserve. Quand elle réussit enfin à passer le stade des politesses d'usage, ils lui livrèrent par bribes leurs points de vue et leurs craintes. Elle comprit qu'ils avaient l'habitude de travailler en toute autonomie, sans contact avec la production ou les autres services qui constituaient des univers à part. La seule personne à qui ils référaient de leur activité n'avait jamais été que M. Chambon qui travaillait avec eux dans le laboratoire, et encore, sans système hiérarchique pesant. Pourquoi leur imposer maintenant un chef de projet, une femme, plus jeune qu'eux, venue d'un autre pays? Et quelle idée de leur adjoindre les commerciaux, quel rapport avec leur propre activité? Ils vivaient ces changements comme une véritable marque de défiance et s'en trouvaient fort affectés. Lauren comprit qu'elle devrait faire preuve de patience et de diplomatie pour leur redonner confiance.

Poursuivant son chemin, elle alla se présenter aux ouvrières de l'atelier. Un peu gênées au début par l'arrivée de cette étrangère dans leur univers familier, elles l'écoutèrent ensuite avec intérêt et commencèrent à parler à leur tour. «Nous, on n'est pas contre le changement, dit l'une d'elles. On veut bien vendre partout dans le monde, ça nous fait même plaisir de savoir que ce qu'on fabrique ici s'arrache en Italie, mais ce qu'on n'accepte pas, c'est que notre service soit toujours laissé pour compte. On est vingt-sept, aujourd'hui, c'est bien, mais il faudrait qu'on soit au moins quatre de plus! Nos rythmes de travail sont toujours plus soutenus, et il n'y a jamais d'embauche. La priorité est toujours donnée aux autres: pour M. Chambon, il n'y avait que le service développement qui comptait, nous, les ouvrières, on n'était que les exécutantes. Maintenant avec le Nouveau, on n'entend plus parler que de commerciaux par-ci, de commerciaux par-là. Des requins aux dents longues, oui! Mais ces commerciaux, ils auraient quoi à vendre si on n'était pas là pour produire?»

Après cette entrevue, Lauren se dit qu'elle avait eu un florilège de réactions individuelles ou collectives, qui montraient des habitudes de travail, des visions différentes de l'entreprise, des croyances sur les uns et les autres, des rivalités et surtout des peurs, se manifestant par un climat général assez pesant.

Quelques jours après, les événements confirmèrent son sentiment. Les deux commerciaux venaient de prendre leur poste, deux jeunes, frais émoulus d'école de commerce (la même que celle du directeur). S'ils étaient des requins, ils avaient intérêt à aimer l'eau froide, car l'accueil qui leur était réservé fut polaire. Ce jour-là, un accident se produisit au service expédition où une salariée s'entailla gravement la main avec une paire de ciseaux en ouvrant un carton. Bien que ne faisant pas partie du service en question, ce sont les ouvrières de la production qui s'enflammèrent en déclarant une grève pour dénoncer le manque de personnel.

Pris au dépourvu, le directeur sollicita les partenaires sociaux et l'équipe de direction. Lauren leur suggéra de faire appel à un coach qu'elle connaissait et, parmi d'autres mesures, le groupe décida effectivement de recourir à ce service pour les aider à reconstruire une cohésion d'équipe. C'était un spécialiste du coaching interculturel. «Mais vous êtes la seule personne étrangère dans nos équipes, avait protesté un délégué syndical, pourquoi faire appel à lui précisément ?» «Parce que l'interculturalité ne concerne pas seulement les nationalités, rétorqua la jeune femme. Elle est partout dans l'entreprise, et une bonne part de nos problèmes viennent des incompréhensions entre les personnes».

Le coach arriva et neuf mois plus tard, les salariés furent heureux et eurent beaucoup de beaux produits…

Ce ne fut pas si simple en réalité. Nous vous proposons de partager cette aventure, en regardant de plus près les phénomènes à l'œuvre dans le Livre I, puis quelles méthodes le coach a pu utiliser pour aider cette entreprise dans le Livre II du présent ouvrage.

De « l'interculturel – nationalités »
à « l'interculturel – diversité de toute sorte »

Quand nous parlons de management interculturel aujourd'hui dans les entreprises, nous faisons généralement référence aux situations engendrées quand des personnes issues de pays différents sont amenées à travailler ensemble. Cela peut se produire dans les structures internationales, avec une maison mère dans un pays et des filiales dans d'autres, ou encore quand une entreprise a des clients ou des fournisseurs basés dans d'autres pays, quand une entreprise est rachetée par une autre plus grosse basée à l'étranger, etc. Ainsi, de nombreuses situations existent qui amènent des personnes de nationalités différentes à travailler ensemble, ceci étant une des conséquences de la mondialisation et de la multiplication des échanges internationaux.

La question de l'interculturalité vient alors se poser aux entreprises comme défi supplémentaire, car au-delà de la langue, c'est tout un ensemble de normes et de fonctionnements qui diffère et engendre son lot de chocs, d'incompréhensions et autres barrières.

En effet, la nationalité et les différences culturelles qui sont censées en découler sont une source profonde de questionnements, de problématiques et de sujets de réflexion sur les méthodes managériales. C'est pourquoi, dans le domaine de la formation continue par exemple, se multiplient les propositions de formation au management interculturel, ou plus précisément encore des formations pour préparer des commerciaux à travailler en Chine, par exemple.

Il s'agit alors, essentiellement, de « comprendre la culture de l'autre pays pour s'y adapter ».

Pourtant, notre expérience des entreprises nous amène à penser que les problématiques liées à l'interculturalité dépassent très largement le seul critère national. Il est vrai que les différences culturelles engendrées par l'appartenance à des pays différents peuvent être fortes, à commencer par la langue qui constitue la première barrière. À ce titre, le critère de « pays d'appartenance » est certainement un des plus visibles et des plus ressentis en entreprise comme étant un enjeu. Pour autant, il est loin d'être le seul et il nous semble dommage, voire préjudiciable, de réduire l'approche multiculturelle à la seule prise en compte des différences liées au pays d'appartenance.

C'est pourquoi nous avons retenu deux lignes de force pour conduire ces travaux : la notion de culture et le recours à la différence comme explication des problèmes en entreprise.

La notion de culture

Les définitions que nous trouvons de la notion de culture laissent le champ ouvert à une interprétation assez large. En voici deux propositions :

« La culture est l'ensemble des connaissances, des savoir-faire, des traditions, des coutumes propres à un groupe humain, à une civilisation. Elle se transmet socialement, de génération en génération et non par l'héritage génétique, et conditionne en grande partie les comportements individuels. La culture englobe de très larges aspects de la vie en société : techniques utilisées, mœurs, morale, mode de vie, système de valeurs, croyances, rites religieux, organisation de la famille et des communautés villageoises, habillement...
Exemples : culture occidentale, culture d'entreprise... »[1]

« Dans son sens le plus large, la culture peut aujourd'hui être considérée comme l'ensemble des traits distinctifs, spirituels et matériels, intellectuels et affectifs, qui caractérisent une société ou un groupe social. Elle englobe, outre les arts et les lettres, les modes de vie, les droits fondamentaux de l'être humain, les systèmes de valeurs, les traditions et les croyances. »[2]

---

1. http://www.toupie.org/Dictionnaire/Culture.htm
2. Citation Unesco : définition de l'Unesco de la culture, Déclaration de Mexico sur les politiques culturelles. Conférence mondiale sur les politiques culturelles, Mexico City, 26 juillet - 6 août 1982.

10

Nous voyons dans ces définitions des expressions telles que «groupe social», ou encore «groupe humain», qui ne font pas explicitement référence au fait d'appartenir à un pays en particulier. Seul le terme société peut éventuellement faire référence à une culture nationale (la société française, américaine…).

En dehors de ces définitions, la notion de «groupe social» est laissée à la libre appréciation du lecteur. Comment définir un groupe social ou un groupe humain plus précisément qu'en faisant référence à ce que les membres d'un tel groupe partagent ou ont en commun? Nous pouvons, en effet, supposer qu'il existe une infinité de groupes humains ou sociaux, dont les membres sont rassemblés par une communauté de valeurs, de croyances et tout simplement distincts les uns des autres par certaines caractéristiques.

Nous verrons par la suite comment la sociologie des relations intergroupes peut nous apporter des précisions sur la notion de groupe social. Pour le moment, nous proposons de nous fonder sur notre expérience pour interroger cette notion.

Le recours à la différence
comme explication des problèmes en entreprise

Il est intéressant de constater qu'en entreprise, le simple fait d'amener la notion d'interculturalité dans la discussion va orienter le débat vers les différences liées à la nationalité ou à l'origine des personnes. Alors que, aborder les choses sous un autre angle et laisser les personnes s'exprimer librement sur ce qui fonctionne bien et ce qui fonctionne moins bien dans l'entreprise renseigne de façon beaucoup plus riche sur le sujet.

Les personnes vont en effet parler de leur propre point de vue, et faire émerger des critères de différenciation entre des «groupes humains» de leur entreprise. Comme nous le verrons par la suite, la perception de l'existence de groupes sociaux distincts peut largement différer d'une personne à l'autre et être une source inépuisable de malentendus.

Mais pour le moment, écoutons parler les acteurs de l'entreprise, et interrogeons-les sur la cohésion d'équipe, la performance professionnelle ou encore les enjeux liés aux ressources humaines. Il y a de fortes chances que, dans ces conditions, vous entendiez des propos comme :

– Il est difficile pour nous de faire travailler ensemble les services techniques et les services sociaux, car ils n'ont pas les mêmes valeurs.
– Depuis que nous avons intégré deux femmes dans le service espaces verts, l'ambiance est bien meilleure (ou bien pire) dans l'équipe.
– Nous avons une forte proportion de seniors dans l'entreprise, et les relations avec la génération Y sont difficiles. Etc.

Que nous apprennent ces commentaires ? Il ne s'agit pas, bien sûr, de dire s'ils sont vrais ou faux : il y a probablement des phrases avec lesquelles vous vous sentez en accord, et d'autres que vous trouvez totalement « clichés ». Nous pouvons juste vous assurer qu'elles ont été entendues fréquemment, parfois sous des formes différentes. Elles nous permettent simplement d'observer que les critères de différenciation entre les personnes sont souvent utilisés comme explication des difficultés rencontrées (et plus rarement comme explication des réussites).

Cela nous permet également de reconnaître qu'en plus d'être des ressortissants de tel ou tel pays, nous sommes aussi des hommes et des femmes, nous avons un statut professionnel, nous travaillons dans des univers délimités (une entreprise, une association formant une mini-société avec ses propres codes), nous faisons partie d'une certaine classe sociale, nous avons reçu une éducation avec certaines normes et valeurs qui nous ont été inculquées, nous avons des activités culturelles ou sportives qui sont elles-mêmes porteuses de certaines valeurs ou qui, pour le moins, ont certaines caractéristiques, etc.

Toutes ces particularités nous intègrent dans différents groupes d'appartenance qui, si l'on se réfère aux définitions de la culture évoquées plus haut, seraient porteurs d'un certain nombre de systèmes de pensée, de valeurs ou de croyances.

Nous pouvons donc en conclure que la question interculturelle est beaucoup plus large que celle de l'interaction entre des personnes de nationalités différentes, et qu'elle inclut tous les autres critères de différenciation possibles.

C'est pourquoi, dans cet ouvrage, nous parlerons de l'interculturalité au sens de la diversité, et non uniquement au sens de la nationalité, en tenant compte de critères tels que la culture professionnelle, le genre ou encore l'âge.

Et nous tenterons de répondre à la question suivante : comment faire travailler ensemble des personnes différentes, ne partageant pas les mêmes systèmes de valeurs, n'ayant pas forcément la même représentation des choses et ne réagissant pas de la même manière face à un même événement ?

Livre I
Comprendre

Groupes d'appartenance
et relations intergroupes

Des groupes d'appartenance à l'identité sociale

Dans notre préambule, nous affirmons que nous faisons tous partie de plusieurs groupes d'appartenance. Mais qu'est-ce qu'un groupe d'appartenance ?

Il est intéressant de constater quelques différences importantes dans les définitions que l'on trouve sur le sujet. Certaines vont affirmer la nécessité de relations directes entre les membres d'un groupe pour pouvoir parler de groupe d'appartenance. Ainsi, selon R. Mucchielli : «Au sens strict, on appelle groupe d'appartenance, le groupe dans lequel l'individu a des relations directes, de face à face avec les autres membres. C'est donc le groupe primaire dont il fait partie effectivement et physiquement à tel moment de sa vie».

Dans cette perspective, le premier groupe d'appartenance serait la famille, puisque c'est le lieu où l'on naît et où on développe le plus d'interactions directes. La personne développerait par la suite d'autres groupes d'appartenance à partir de sa scolarité, du lieu où elle travaille, du quartier où elle vit, de ses activités sportives et culturelles, etc. Les liens moins tangibles créés par des valeurs ou des caractéristiques communes ne seraient donc pas suffisants pour parler de «groupes d'appartenance». Cette définition exclurait alors du champ des «groupes d'appartenance» toutes les catégories sociales fondées sur l'identification d'un critère objectif tel que l'âge ou le sexe.

Nous trouvons, cependant, dans la littérature concernant la psychologie sociale, des acceptions beaucoup plus larges de l'expression «groupe d'appartenance». Ce concept de groupe d'appartenance est, en effet, très souvent relié au processus de catégorisation sociale.

La catégorisation sociale serait, selon Tajfel et Turner, « un outil cognitif qui segmente, classe et ordonne l'environnement social et qui permet aux individus d'entreprendre diverses formes d'actions sociales ». Les individus s'identifieraient à certaines catégories, ou seraient catégorisés par d'autres dans ces catégories, et ces processus de catégorisation des autres et de soi-même seraient à l'origine de l'existence des « groupes sociaux » ou « groupes d'appartenance ». Ainsi, un groupe serait « une collection d'individus qui se perçoivent comme membres d'une même catégorie, qui attachent une certaine valeur émotionnelle à cette définition d'eux-mêmes et qui ont atteint un certain degré de consensus concernant l'évaluation de leur groupe et de leur appartenance à celui-ci ».

Dans cette définition, tous les groupes d'appartenance que nous avons évoqués plus haut trouvent leur place : les jeunes, les seniors, les hommes, les femmes, les ingénieurs, les travailleurs sociaux, les Français, les Américains, les sportifs, les musiciens, les militants de gauche, les chrétiens, etc., sont autant de catégories sociales ou groupes d'appartenance auxquels s'identifient les individus.

Nous constatons que la catégorisation peut aussi bien se faire de façon arbitraire, de l'extérieur. Ainsi, force est de constater qu'au quotidien, des catégories sociales sont sans cesse créées en posant des critères discriminants qui permettent de considérer des groupes de personnes ayant en commun certaines caractéristiques. Par exemple, l'INSEE utilise un critère comme « la catégorie socio-professionnelle », qui renvoie à la fois au type de métier, au niveau d'études et de revenus. Dans ce cas, doit-on considérer que la catégorie socio-professionnelle des « cadres » est un groupe d'appartenance pour les individus qui en font partie ? Non seulement ces individus ne se connaissent pas entre eux, mais partagent-ils seulement des valeurs communes, ou tout simplement un sentiment d'appartenance à ce groupe ?

Nous devons bien admettre, en tout cas, que la catégorisation se fait autant par nous que par les autres. C'est-à-dire que nous admettons comme valables des catégories qui nous sont proposées, par l'État, par exemple, qui utilise diverses classifications pour mettre en place ses politiques.

On voit par ailleurs que la définition de Tajfel et Turner laisse un champ assez large à l'interprétation. Est-on français simplement parce que l'on possède la nationalité française, ou bien parce que l'on attache une valeur symbolique à ce groupe d'appartenance, comme le fait de partager une certaine conception des droits humains ou encore des biens culturels communs ? Que dire alors d'une personne qui ne possède pas la nationalité française, mais qui adhère totalement aux valeurs traditionnellement rattachées à la catégorie de « français » ? Cette personne peut-elle affirmer qu'elle fait partie de cette catégorie sociale ? Sûrement pas, car cette identification lui sera refusée par les autres, qui lui renverront que, puisqu'elle n'a pas la nationalité française, elle est étrangère et donc, par définition, pas française.

En revanche, il nous suffit de partager une idéologie avec d'autres personnes (que nous ne connaîtrons pas forcément par ailleurs) pour pouvoir affirmer que « nous faisons partie » de telle mouvance politique. Ce parti politique pourra alors figurer dans notre liste de groupes d'appartenance.

Tous les groupes d'appartenance n'ont donc pas la même consistance, la même « tangibilité ». Dans certains cas, le fait de partager certaines caractéristiques objectives est indispensable pour parler d'appartenance à une catégorie sociale, et dans d'autres cas, il suffit de se sentir « adhérer » à ce groupe.

C'est sans doute pourquoi certains distinguent les « groupes d'appartenance » et « les groupes de référence ». Si les groupes d'appartenance sont ceux auxquels je suis, de fait, rattaché par une réalité objective (mon âge, mon sexe, mon métier…), je peux, par ailleurs, avoir des groupes de référence dont je vais tenter de me rapprocher. Je peux ainsi faire objectivement partie de la catégorie sociale des « pauvres », parce que je gagne moins de tant d'euros par mois, et pourtant avoir comme groupe de référence les « bourgeois-bohèmes », car cette catégorie sociale un peu floue évoque chez moi une idée d'indépendance intellectuelle et de démarcation des codes bourgeois traditionnels, et que je me reconnais dans ces caractéristiques. En termes d'identification sociale, je me sentirai probablement plus concerné quand on parlera des « bobos » que des « pauvres ».

Cette nuance est importante car elle met en évidence les malentendus profonds qu'il peut y avoir entre les catégories sociales dans lesquelles nous sommes « classés d'office » mais avec lesquelles, contrairement à la définition de Tajfel et Turner, nous n'attachons pas de « valeur émotionnelle », et les catégories sociales auxquelles nous n'appartenons pas mais qui, au contraire, ont une résonance émotive beaucoup plus forte.

Par la suite, et malgré les différentes appréciations de cette expression, nous parlerons essentiellement de « groupes d'appartenance », au sens large du terme.

Nous vous proposons de faire un exercice de repérage de vos groupes d'appartenance, en représentant chaque catégorie à laquelle vous vous sentez appartenir par un cercle (en vous laissant libre de vous fonder sur les critères qui vous semblent les plus justes). Voici un exemple de représentation de l'identité sociale possible d'une jeune femme française.

Il est fort possible qu'à d'autres moments, en refaisant cet exercice, cette personne

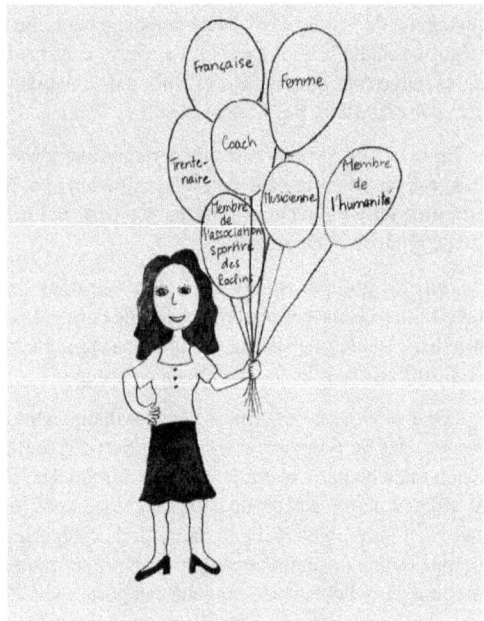

mette en évidence d'autres cercles d'appartenance qui seront alors plus pertinents pour elle.

▶ **Protocole groupe : l'identité sociale individuelle**

Proposer à chaque membre de l'équipe que vous accompagnez de dessiner la représentation de son identité sociale, en donnant le moins de consignes possible sur la forme ou le nombre des cercles et sur leurs croisements.

Les productions pourront servir de base à l'élaboration d'une discussion sur les représentations que chacun se fait de soi et des autres.

Ce qui apparaît, c'est la multiplicité des cercles représentant les groupes d'appartenance. En réalité, pour chaque individu, on pourrait trouver une infinité de critères de catégorisation différents, tous ces éléments étant constitutifs de l'identité sociale d'une personne. Et comme chaque groupe d'appartenance est censé être porteur d'un certain nombre de valeurs, façons de penser ou d'agir, il semble logique de conclure que les valeurs, façons de penser et d'agir d'une personne donnée forment une combinaison unique et spécifique.

Pourtant, quand on parle de quelqu'un, voire quand on se présente soi-même, on va utiliser un cercle unique comme cercle de référence : par exemple, il est courant, et particulièrement en entreprise, de faire référence à quelqu'un en disant « il est informaticien », car à ce moment précis, c'est cet élément qui paraît le plus pertinent à donner. Cette étiquette suffit généralement pour donner une idée à l'interlocuteur du cursus universitaire de cette personne, de ses compétences, mais aussi de sa façon de penser et de sa personnalité.

En effet, « dans notre perception d'autrui, nous semblons souvent exploiter des informations qui relèvent plus de son appartenance à une catégorie, à un groupe, que de l'individu particulier auquel nous faisons face »[1], ce qui n'est pas sans conséquence sur la façon que nous aurons d'interagir avec lui par la suite.

On voit poindre le risque qu'il peut y avoir à réduire une personne à sa seule identité professionnelle (en l'occurrence), mais aussi à la réduire à l'image archétypale renvoyée par cette identité professionnelle, c'est-à-dire aux stéréotypes véhiculés sur ce métier, comme nous le verrons par la suite.

Une des conclusions importantes que nous pouvons en tirer est qu'il est prudent de ne pas réduire une personne à un seul aspect de son identité sociale.

La variabilité des groupes d'appartenance

Comme nous l'avons vu, il y a beaucoup d'acceptions différentes de la notion de groupe d'appartenance et beaucoup de possibilités, pour un individu, de s'identifier à certaines catégories sociales en fonction des critères que cet individu voudra bien prendre en compte.

Il est également important de considérer le contenu des groupes d'appartenance, leur substance et leur contexte. Et l'on voit alors que ce qui est rattaché à l'idée d'un groupe d'appartenance est variable culturellement et historiquement.

Par exemple, comment pouvons-nous caractériser « la communauté scientifique » aujourd'hui ? Il est probable qu'en interrogeant différentes personnes sur le sujet, nous obtenions, déjà, des réponses sensiblement distinctes. Est-ce le groupe de personnes travaillant dans la recherche scientifique ? Ou bien tous ceux qui ont fait des études scientifiques et qui travaillent aujourd'hui dans l'industrie ? S'agit-il seulement de ceux qui font des mathématiques et autres sciences « dures » ou cela inclut-il les sciences sociales ?

---

1.   Vincent YZERBYT et Georges SCHADRON, « Stéréotypes et jugement social », in *Stéréotypes, discriminations et relations intergroupes,* coll. sous la dir. de Richard Y. BOURHIS et Jacques-Philippe LEYENS, Éditions Mardaga, 1999

La communauté scientifique est-elle la même aujourd'hui en France au XXIᵉ siècle qu'elle l'était au XIXᵉ siècle ? Une différence fondamentale que l'on peut déjà relever, c'est qu'au XIXᵉ siècle, les femmes n'étaient pas autorisées à faire des études, a fortiori scientifiques, et qu'elles étaient donc exclues d'office de ce groupe d'appartenance. Par conséquent, quel sens cela a-t-il de se référer à une catégorie sociale quand cette catégorie s'est totalement transfigurée en l'espace de quelques années ?

Cette remarque soulève la question importante de la persistance dans le temps de chaque catégorie, persistance qui implique nécessairement un accord tacite, entre tous, de ce qui caractérise cette catégorie sociale. C'est là qu'interviennent les stéréotypes qui, comme nous le verrons plus tard, sont à la fois la clé de voûte et la clé d'enfermement des catégories sociales.

Bipolarisation, dualité et identité *vs* altérité

Il existe un processus fondamental, dans le domaine des relations humaines et des rapports entre les groupes sociaux, qui est celui de l'assimilation et de la séparation. Ce processus est utilisé par chaque individu, groupe, nation, etc., pour définir ce qui fait partie de lui et ce qui n'en fait pas partie. L'exemple le plus simple pour comprendre ce processus est celui de la constitution d'un pays. Comment définir un pays autrement qu'en dessinant son territoire ? Et comment définir son territoire autrement qu'en posant des frontières ? Et qu'est-ce que les frontières, si ce n'est l'explicitation de la limite entre soi et l'autre ? Un pays sans frontières serait la terre entière. Les pays n'existent et ne peuvent cohabiter que parce qu'ils ont clairement défini les frontières de leurs territoires.

Il en va de même dans le registre symbolique où les frontières, bien que non visibles, sont bien présentes aussi. La séparation est un processus fondamental, indispensable, pour définir ce que nous sommes.

Ainsi en est-il des identités masculine et féminine qui sont souvent définies en opposition l'une par rapport à l'autre. Plus précisément, Élisabeth Badinter, par exemple, dans son ouvrage *XY, de l'identité masculine*, propose cette lecture de la construction de l'identité masculine, pour laquelle « le premier devoir pour un homme [est] : ne pas être une femme ». Ainsi affirme-t-elle : « Pour devenir un homme, un petit garçon doit procéder, beaucoup plus qu'une petite fille, à une étape de différenciation à l'égard de sa première identité qui est féminine par sa mère. Il doit procéder à une coupure, à une rupture. De là découle tout le destin masculin. Ce devoir d'opposition et de différenciation, c'est le propre de l'identité masculine »[2].

Cette idée d'une opposition entre le masculin et le féminin n'est pas nouvelle et, s'il nous semble intéressant de nous y attarder, c'est parce qu'elle est présentée, notamment pas l'anthropologue Françoise Héritier[3], comme à l'origine de toutes les oppositions symboliques qui structurent notre représentation du monde.

Françoise Héritier avance la thèse suivante : la structuration de la pensée humaine se fonde sur une bipolarité qui trouve son origine dans la dualité du sexe féminin et masculin. L'observation de cette différence des sexes serait au fondement de toute pensée, celle-ci prenant toujours sa source dans l'observation de la réalité. À partir du constat de cette réalité biologique, universelle qu'est l'existence de deux sexes, tout un monde symbolique s'est mis en place pour décrire la réalité en s'appuyant sur le modèle d'opposition masculin et féminin. Ainsi, chaque paire de principes opposés tels que le froid/le chaud, le sec/l'humide, le bien/le mal, le soleil/la lune, est associée au principe masculin ou féminin, et ce aussi bien dans nos sociétés modernes que dans les sociétés traditionnelles (l'anthropologie a beaucoup étudié certaines populations d'Afrique, et on retrouve aussi ces grands principes dans le Ying et le Yang ou encore dans certains écrits d'Aristote). Le plus souvent, le chaud, le bon, le sec et le positif sont associés au masculin, le froid, le mal, l'humide et le négatif, au féminin, mais cela peut varier en fonction des cultures ou des époques, le principe constant étant que l'item associé au masculin est toujours plus valorisé que celui associé au féminin.

2. Entretien in *La Vie*, 3 septembre 1992, p. 53
3. Françoise Héritier, *Masculin-Féminin I. La Pensée de la différence*, Paris, Odile Jacob, 1996 ; rééd. 2002.

Cette conception bipolaire du monde illustre parfaitement l'idée d'une séparation entre soi et l'autre comme mode de définition de l'identité : tout ce qui n'est pas moi, tout ce qui est hors de mes frontières est étranger, et c'est grâce à cette définition de l'autre, de la différence, grâce à cette opposition, que je peux me définir moi-même.

L'identité, dans son sens initial, mathématique, renvoie à ce qui est stable dans le temps, et à ce qui est le « même » entre deux éléments. L'autre s'oppose à l'identité, ou on pourrait dire aussi, l'autre s'oppose au même.

Pour autant, l'identité n'est pas un état immuable, elle est toujours en mouvance. Il faudrait plutôt parler, comme Brubaker[4], d'image de soi (la représentation que l'on se fait de soi-même) et d'identification à des groupes sociaux (catégories, groupes d'appartenance…), car ces termes permettent de révéler un processus d'évolution dans le temps plutôt qu'un état permanent.

En effet, ce qui est frappant dans les processus d'identification, c'est qu'ils peuvent se faire aussi bien par assimilation que par rejet. Je peux me sentir appartenir à la catégorie des musiciens (processus d'assimilation), ainsi qu'à la catégorie des non-fumeurs (processus de rejet). C'est parfois en pointant ce que je ne suis pas que je définis ce que je suis.

Par ailleurs, ces frontières que nous traçons entre soi et les autres sont mouvantes et peuvent se redessiner dans le temps, en fonction des circonstances, du contexte.

Pour prendre un exemple et revenir dans le registre territorial, nous pouvons nous appuyer sur l'histoire de la construction de l'Union européenne, qui illustre bien les processus d'intégration-rejet et la multiplicité des critères utilisés pour affirmer, à un moment donné, une unité, si ce n'est une identité.

Au départ, juste après la guerre, l'idée de la future Union européenne s'est fondée sur le principe de reconstruction économique et la volonté forte d'assurer une paix durable

---

4.   BRUBAKER, Rogers. 2001. «Au-delà de l'identité», *Actes de la recherche en sciences sociales*, n° 139.

entre les peuples en mêlant étroitement leurs intérêts. Parmi les cinq pays fondateurs, la France et l'Allemagne, les protagonistes principaux de la guerre, se sont précisément servis de cette ancienne opposition pour fonder leur alliance. L'élément fédérateur était alors le passé commun (la souffrance partagée et le traumatisme de la guerre) et la nécessité identique d'une reconstruction économique.

Par la suite, c'est en se fondant sur des principes fédérateurs tels que les valeurs de démocratie, de libertés individuelles, ou encore l'économie de marché, que les autres pays ont été intégrés.

On voit bien, dans cet exemple, les processus à l'œuvre dans la définition de ce qui est « soi » et ce qui est « autre » ; ce sont des processus mouvants, mettant en exergue certains critères et en diminuant d'autres, selon les besoins ou les contraintes du moment. La seule chose qui soit permanente, c'est le principe d'assimilation et de rejet qui permet de tracer les frontières du « soi ».

Le processus d'identification est donc toujours situationnel. Il serait sans doute intéressant de s'interroger sur l'autre aspect de l'identité, c'est-à-dire, précisément, sur ce qui ne bouge pas, ce qui reste fixe, stable dans le temps, et qui permet de dire que la personne que nous étions il y a dix ans est bien la même que celle d'aujourd'hui. Mais cela nous emmènerait vers un autre débat, complexe, et qui n'est pas l'objet de notre livre. En effet, ce que nous souhaitons mettre en évidence, ce sont les processus à l'œuvre dans les relations intergroupes, et plus précisément encore, dans les relations de travail au sein des équipes multiculturelles.

Les relations intergroupes
et le biais du favoritisme intragroupe

Le jeu des sentiments d'appartenance

Chaque catégorie sociale ou groupe d'appartenance est, en fait, constitué de sous-groupes ou sous-catégories. Dans la catégorie Europe, on peut distinguer chaque pays qui en fait partie et qui constitue une entité à part entière. À l'intérieur de la France, on peut aussi identifier de nombreux groupes d'appartenance, associés à une région, un département, une ville. Par ailleurs, les groupes se subdivisent et se croisent entre catégories de différentes natures. Ainsi, au sein du groupe des Français, on pourra distinguer la catégorie des femmes, puis parmi elles, la catégorie de celles qui ont moins de cinquante ans, puis encore celles qui travaillent dans le secteur de la santé, puis à l'intérieur de ce groupe, celles qui sont médecins, etc.

Les recherches en psychologie sociale, et plus précisément celles concernant les relations intergroupes, ont montré qu'à chaque situation correspondait un niveau pertinent de catégorisation pour l'individu. Prenons un exemple : un étudiant français part à l'étranger pour une année d'étude. Là-bas, il va rencontrer d'autres Français, avec lesquels il aura de fortes chances de créer des liens. Pourquoi ? Parce que dans cette situation précise, le fait de rencontrer des personnes partageant des caractéristiques similaires (la même nationalité, la même langue, les références culturelles...) sera un élément fédérateur de premier ordre, une façon de trouver des repères rassurants, de trouver du «même» au milieu de «l'altérité». Ce partage d'une caractéristique commune – la nationalité française – sera l'élément saillant qui donnera la prépondérance à ce groupe d'appartenance par rapport à d'autres, comme le fait d'être un garçon par exemple. Dans un autre contexte en revanche, par exemple celui d'une classe littéraire composée de trente filles et de trois garçons, l'appartenance à un genre sera un élément probablement très prépondérant, au détriment d'autres critères.

Notre étudiant qui part à l'étranger et sympathise avec d'autres Français aurait-il sympathisé avec ces mêmes personnes s'il les avait rencontrées en France ? Peut-être bien, mais il est plus probable que s'ils s'étaient connus en France, les différences les séparant auraient été plus fortes que ce qui les rapproche à l'étranger, à savoir le fait d'être originaires du même pays. Dans le contexte français, où tous les individus font partie du même groupe d'appartenance, les différences internes entre les membres du groupe émergent de façon beaucoup plus visible. Elles sont alors mises en exergue et renforcent les séparations entre les sous-groupes.

Il est intéressant de constater que des différences qui paraissent un moment insurmontables entre des catégories de personnes peuvent être balayées d'un coup quand la situation l'exige.

En entreprise, le jeu des appartenances à des groupes est également à l'œuvre. Un salarié du service commercial de l'entreprise X n'activera pas tout à fait les mêmes sentiments d'appartenance s'il s'adresse à ses clients ou à ses collègues du service production. Dans le premier cas, c'est son appartenance à l'entreprise qui devrait logiquement prendre le dessus, puisqu'il en est alors le représentant aux yeux des « autres », c'est-à-dire des clients. Dans le second cas, c'est peut-être son appartenance au service commercial qui prendra le dessus, pour peu qu'il y ait quelques tensions entre les différents services. « Les autres », ce sont alors les salariés de la production (par exemple). Le fait d'appartenir à la même entité supérieure (l'entreprise X) peut ne pas être un élément suffisamment fédérateur face à la divergence existante entre les sous-groupes de cette entité.

▶ **Protocole groupe : le jeu des sentiments d'appartenance**
Proposer à chaque membre de l'équipe que vous accompagnez d'identifier les différents groupes d'appartenance en jeu dans son entreprise. Quelle prépondérance de ces groupes peut-on observer en fonction des situations ? Que peut-il en déduire individuellement et collectivement ?

Le biais du favoritisme intragroupe

Lorsque deux ou plusieurs groupes s'opposent – ce qui arrive, en entreprise par exemple, dès que deux équipes sont en compétition, ou qu'il existe des conflits entre un service et un autre, ou simplement quand on compare les performances de plusieurs équipes commerciales – le processus d'assimilation-rejet que nous avons vu plus haut se met en marche : on se rassemble, au sein de son propre groupe, pour faire coalition, et on se démarque le plus possible des autres groupes. Ce processus de différenciation s'active dès qu'il est question d'un « nous » et d'un « eux ». Pour rendre le « nous » plus fort, nous allons alors ignorer ou minimiser les différences qui nous distinguent des membres de notre groupe, et afin de rendre le « eux » plus lointain, nous allons exagérer les différences perçues avec les membres de ces autres groupes.

Ce processus de différenciation engendre généralement un biais de favoritisme ou de survalorisation de son propre groupe, comme si, de la différenciation, surgissait nécessairement la compétition.

De nombreuses études ont été menées, dès les années 50 aux États-Unis, sur ce phénomène. Les chercheurs ont ainsi pu constater que les supporters de deux équipes de foot distinctes chargés de repérer les fautes commises par chacune des équipes, étaient systématiquement plus indulgents avec leur propre équipe[5]. Dans le domaine de l'emploi, des études ont été menées[6] avec des étudiants américains mis en situation (fictive) de devoir embaucher des candidats pour des postes de différents niveaux, de cadre à agent de nettoyage, à partir de simples enregistrements audio. Tous les CV des candidats étaient équivalents (expérience, âge, diplôme), seul leur accent était distinct et permettait de deviner leur origine (américaine ou étrangère). Résultat : les étudiants ont majoritairement positionné les candidats ayant l'accent américain (c'est-à-dire le même accent qu'eux, ce qui montrait leur appartenance au même groupe) sur les postes de cadres et les candidats aux accents étrangers sur les postes de basse qualification.

---

5. Étude menée par Hastorf et Cantril en 1954, mentionnée p 115 de *Stéréotypes, discriminations et relations intergroupes,* coll. sous la dir. de Richard Y. Bourhis et Jacques-Philippe Leyens, Éditions Mardaga, 1999
6. Étude menée par Kalin et Rayko, 1978, mentionnée page 164 de *Stéréotypes,... op. cit.*

Le lien affectif avec un groupe d'appartenance n'est pas nécessaire pour créer des phénomènes de favoritisme endogroupe. La simple catégorisation arbitraire suffit à créer de tels effets, comme le montre une petite expérience menée avec des enfants.

«Dans le cadre d'un centre aéré, 31 enfants âgés de 6 à 12 ans ont participé à un petit jeu. À son arrivée, chaque enfant est noté sur le cahier d'appel. À ce moment précis, il lui est remis une gommette de couleur bleue ou rouge et ce, de façon aléatoire. Il est simplement dit à l'enfant qu'il fait partie du groupe des Rouges ou du groupe des Bleus. Chaque enfant, tour à tour, est ensuite conduit dans une pièce isolée. L'animatrice, qui joue ici le rôle d'expérimentatrice, dit alors à l'enfant que pour le goûter, elle doit distribuer des bonbons aux deux groupes (le groupe des Rouges et celui des Bleus). Des bonbons sont sur la table ainsi que deux enveloppes, l'une marquée d'un rond rouge (enveloppe de l'équipe des Rouges) et l'autre marquée d'un rond bleu (enveloppe de l'équipe des Bleus).

L'animatrice demande alors à l'enfant de bien vouloir répartir les bonbons dans chacune d'elle, en lui disant qu'il fait comme il veut, et que quelle que soit sa répartition il aura de toute façon deux bonbons et pas un de plus. L'animatrice laisse l'enfant seul et lui demande d'aller jouer lorsqu'il aura terminé. Pour chaque enfant, l'animatrice a noté le nombre de bonbons dans chaque enveloppe.

Voici les résultats de cette petite expérience : les enfants du groupe des Bleus ont attribué en moyenne 25 bonbons au groupe des Bleus contre 16 au groupe des Rouges (la différence est très significative). De façon identique, les enfants du groupe des Rouges ont attribué beaucoup plus de bonbons à leur groupe d'appartenance (27) qu'à l'autre groupe (13) et ce alors même qu'ils ne pourront pas en bénéficier eux-mêmes.»[7]

Non seulement, nous avons naturellement tendance à favoriser les membres de notre propre groupe d'appartenance (ce qui, comme nous le voyons, amène directement à des comportements discriminatoires), mais nous avons aussi la volonté de «gagner»

---

7. Réalisation : J. GATTO, M. DAMBRUN, P. de OLIVEIRA, & M. TIBOULET, université Blaise Pascal, LAPSCO, http://www.prejuges-stereotypes.net/espaceDocumentaire/PGMEnfants.pdf

par rapport aux autres groupes, d'accentuer la différence hiérarchique. Cet autre aspect a été montré notamment par une expérience qui, encore une fois, se situe dans le cadre où des groupes d'appartenance sont créés de façon totalement artificielle et n'ont donc pas, a priori, de sens véritable pour leurs membres. Il s'agit d'une expérience menée par Tajfel en 1971, qui consiste à diviser une classe d'élèves en deux groupes, l'équipe «Klee» et l'équipe «Kandinsky». Les élèves avaient comme règle de répartir ensuite une somme d'argent entre les équipes, en faisant un choix entre deux stratégies : permettre à sa propre équipe de garder beaucoup d'argent, avec l'obligation de donner une somme tout aussi importante à l'autre équipe, ou bien choisir de garder moins, mais en s'assurant que l'autre équipe obtiendra moins d'argent encore.

Les résultats montrent que la tendance est de choisir la stratégie de la plus grande différenciation : on préfère avoir une supériorité marquée sur l'autre équipe quitte à gagner moins, plutôt que d'accepter une répartition égale des ressources même si elle permet de gagner plus en valeur absolue.

Ce type d'études devrait être de nature à interroger les entreprises qui cultivent l'esprit de compétition interne entre leurs équipes (équipes de recherche, équipes commerciales…).Cela nous renseigne aussi sur la puissance et les effets de l'existence de plusieurs groupes d'appartenance au sein d'une même unité de travail.

Et encore, les situations présentées ci-dessus ne concernent que des groupes artificiellement créés, donc peu porteurs de sens et d'identité pour les individus. Il s'agit de groupes qui n'ont, par ailleurs, pas de rapport de pouvoir entre eux contrairement à ceux que l'on rencontre en entreprise, où les catégories sociales sont révélatrices d'un statut (les cadres, les ouvriers…) et sont régies qui plus est par des relations hiérarchiques.

À l'ensemble des items déjà présentés, comme la notion de groupes d'appartenance et de leur variabilité et du favoritisme intragroupe, il convient d'ajouter un élément dont nous n'avons pas encore parlé et dont les effets sur les relations intragroupes sont décuplés. Il s'agit des stéréotypes. Nous allons consacrer un chapitre complet à ce sujet tellement les effets sur les relations intragroupes sont sources de problèmes.

Les stéréotypes

Les stéréotypes sont « un ensemble de croyances partagées à propos des caractéristiques personnelles, généralement des traits de personnalité, mais aussi des comportements propres à un groupe de personnes »[8].

« Walter Lippmann utilisa, en 1922, le terme de stéréotype pour rendre compte du caractère à la fois condensé, schématisé et simplifié des opinions qui ont cours dans le public. Il expliquait d'abord ce phénomène par l'existence d'un principe d'économie, en vertu duquel l'individu penserait par stéréotypes pour éviter d'avoir à réfléchir à chaque aspect de la réalité. Mais, plus profondément, il le liait à la nature même des opinions ; de ce que celle-ci est avant tout verbale, il concluait que l'homme ne juge pas en fonction des choses mais des représentations qu'il a de ces choses, et il écrivait : "On nous a parlé du monde avant de nous le laisser voir. Nous imaginons avant d'expérimenter. Et ces préconceptions commandent le processus de la perception."»[9]

Pourtant, la naissance des stéréotypes est liée à une nécessité de l'esprit humain qui a besoin de simplifier les éléments de réalité pour pouvoir les traiter. Face à la masse d'informations issue de l'environnement, la simplification permet une catégorisation, celle-ci permettant à son tour d'adopter des comportements adaptés. Ce processus de catégorisation est une activité générale du cerveau qui ne s'applique pas uniquement aux interactions avec les personnes, mais bien à l'ensemble de notre environnement. Les catégories sont créées sur la base du repérage de points de ressemblance entre des

---

8.   Vincent YZERBYT et Georges SCHADRON, « Stéréotypes et jugement social », *op. cit.*
9.   http://www.psychoweb.fr/articles/psychologie-sociale/123-stereotypes-definition-et-caracterist.html

objets différents. Il existe plusieurs types de catégorisation dans le détail desquels nous n'entrerons pas, le point important que nous souhaitons souligner est que la simplification et les stéréotypes qui en découlent sont un processus naturel et utile. Le problème, comme nous l'aborderons par la suite, n'est pas tant d'avoir des stéréotypes que d'être incapables de s'en éloigner quand cela devient possible et nécessaire.

> ▶ **Protocole groupe : la catégorisation comme nécessité**
> À partir du cœur de métier du groupe accompagné, demander à chacun de ses membres comment il catégorise ses clients, ses produits, etc., et à quoi cela lui sert ?
> La catégorisation sert aussi à agir quand l'information manque, et pas seulement quand elle est trop abondante. En l'absence de certaines informations, l'esprit va inconsciemment combler le vide en rattachant l'objet considéré à une catégorie qu'il connaît.

Le triangle blanc que l'on voit apparaître[10], le sommet dirigé vers le bas, n'existe pas. C'est le cerveau qui analyse les informations transmises par la vue de manière à le faire exister.

Ainsi, face à une nouvelle situation, inconnue, ou face à une nouvelle personne dont la « catégorie prioritaire » n'est pas évidente, l'individu va inconsciemment chercher à rattacher cette personne à une catégorie existant dans son esprit, en cherchant à tout prix des traits communs. Il va

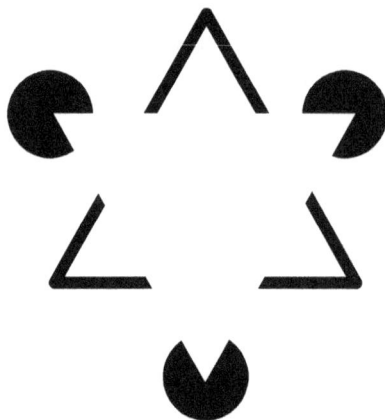

---

10. image du site http://perso.calixo.net/~jmg/TPE_2/integration3.htm

activer les stéréotypes associés à cette catégorie de rattachement afin de pouvoir interagir avec la personne.

Nous pouvons distinguer deux grandes catégories de stéréotypes :
– Les stéréotypes comme simplification d'une réalité.
– Les stéréotypes comme construction sociale.

Les stéréotypes issus d'une simplification de la réalité

Nous pouvons classer dans cette catégorie tout ce qui a trait à la généralisation d'une réalité statistique, à la survalorisation de caractéristiques tirées d'une expérience commune au détriment d'autres caractéristiques, ou encore à la réduction, voire la caricature, de la culture d'une personne. En voici quelques exemples.

La généralisation d'un fait statistique

Cette façon de faire consiste à considérer que ce qui est valable pour la majorité d'une catégorie d'individus est valable pour la totalité d'entre eux, voire même qu'elle en est une caractéristique inhérente. Par exemple, d'après une enquête datant de 2008[11], 82 % des ouvriers liraient moins de dix livres par an. En raccourci, on obtient le stéréotype suivant : les ouvriers lisent très peu, voire même, les ouvriers ne lisent pas. Lors d'un entretien d'embauche, un candidat de cette classe sociale jugé sur ce stéréotype pourra être refusé à un poste où la lecture est importante, alors qu'il fait peut-être partie des 11 % qui lisent plus de vingt livres par an. Cette façon de faire est comme une paresse de l'esprit, qui ne prend pas la peine de prendre en compte l'existence des nuances.

La survalorisation de caractéristiques tirées d'une expérience commune : l'exemple de la génération Y

Partager une expérience commune avec d'autres personnes n'est pas forcément suffisant pour faire émerger une catégorie sociale en tant que telle. On peut ainsi parler de

11. http://www.inegalites.fr/spip.php?article341&id_mot=99

35

« ceux qui ont voyagé en Asie » ou « ceux qui ont passé le bac l'année 1995 », sans que ces événements soient suffisamment forts pour créer une similitude entre ces personnes et donner lieu à des stéréotypes par la suite. D'autres expériences, en revanche, sont considérées comme très significatives : c'est souvent le cas quand on parle de catégories d'âge (les seniors, les jeunes de la génération Y), ou encore quand on parle de culture professionnelle (les travailleurs sociaux, les ingénieurs, les médecins libéraux...). Ces expériences communes sont supposées être créatrices de codes, de références, mais aussi de traits de caractères, d'aptitudes, de goûts, voire de compétences que l'on pourra attribuer à une personne du fait qu'elle appartient à cette catégorie.

Prenons l'exemple de la génération Y. La littérature est abondante sur le sujet, et on ne compte plus le nombre de formations qui sont proposées en entreprises sur les thèmes « Apprendre à manager la génération Y », ou encore « Décrypter la génération Y », ou « Comment survivre à la génération Y ».

Tout d'abord, de qui parlons-nous ? Il s'agirait des personnes qui sont nées entre 1980 et 2000, mais selon les sources, cela peut varier entre 1978 et 1998, ou encore, plus vaguement, entre « la fin des années 70 et le milieu des années 90 ». Avant eux, il y aurait la génération X, celle qui suit la génération des baby-boomers, et après la génération Y, la génération Z (mais si nos calculs sont bons, les jeunes de la génération Z auraient une dizaine d'années, donc difficile d'en tirer le portrait...).

Voici, en vrac, quelques clichés sur la génération Y : les jeunes qui en sont issus seraient individualistes, habitués à des changements rapides, ils seraient rapidement ennuyés, ambitieux, indépendants et en même temps interdépendants (du fait de l'esprit de bandes, renforcé par leur accès aux nouvelles technologies leur permettant d'être connectés en permanence). Sur un plan professionnel, leurs caractéristiques seraient la difficulté à se laisser imposer des modèles que nous ne sommes pas en mesure de justifier, leurs fortes attentes en termes de reconnaissance et de qualité de vie, leur niveau d'exigence très fort envers eux-mêmes et envers les autres, leur capacité à remettre en cause une autorité infondée, et un désir d'affirmation de soi et d'autonomie.

Bien sûr, si vous faites vos propres recherches, vous tomberez sur d'autres qualificatifs, et il y a de fortes chances pour que bon nombre d'entre eux soient contradictoires les uns avec les autres.

Dans un article de *L'Express* intitulé « La génération Y irrite ses aînés en entreprise »[12], il est fait référence à une intéressante enquête qui montre que « les aînés » (ceux de la génération X, les baby-boomers ? bref, ceux qui ont plus de 30 ans), se considèrent comme « plus efficaces, plus motivés et plus enthousiastes » que ceux de la génération Y, et que ces derniers se voient comme… « plus enthousiastes, plus efficaces et plus motivés » que leurs aînés ! Puis l'article souligne qu'en fin de compte, les attentes envers le travail exprimées par les uns et les autres se rejoignent plus que fortement (maintien dans l'emploi, niveau de salaire et conditions de travail).

Notre propos ici n'est pas d'affirmer que « rien ne change » et qu'il n'y a aucune différence entre le rapport au travail des jeunes d'aujourd'hui et des jeunes de l'après-guerre ou des Trente glorieuses (aujourd'hui les seniors en entreprise). Il s'agit plutôt de bien faire la distinction entre les faits et les interprétations, et enfin, la généralisation de ces interprétations.

Quels sont, en effet, les faits objectifs que nous pouvons souligner à propos des personnes nées à la fin des années 70 ?

– L'existence des nouvelles technologies, leur multiplication et leur présence dans les foyers : Internet, les micro-ordinateurs, les téléphones portables, la télévision, les réseaux sociaux, etc.

– Un contexte économique marqué par la crise, avec un plus fort taux de chômage que dans la décennie 70, une plus grande difficulté à trouver un travail à diplôme égal, des conditions de travail plus précaires (plus de CDD par exemple), des licenciements plus fréquents, etc.

---

12. http://lexpansion.lexpress.fr/economie/la-generation-y-irrite-ses-aines-en-entreprise_278683.html

Ces deux aspects créent une communauté d'expériences entre les personnes de la génération Y qui vont pouvoir faire référence à une réalité vécue comme « normale » pour eux : la possibilité, par exemple, d'être en contact facilement avec d'autres personnes par des moyens virtuels, réalité qui n'est pas vécue de la même manière par leurs grands-parents qui ont grandi dans un autre contexte. Cette réalité facilite l'émergence de certains comportements, comme le fait de passer beaucoup plus de temps derrière un écran, d'ingurgiter dans un court temps un maximum d'informations,…

Nous pouvons affirmer que ces éléments sont de nature à faire émerger des traits culturels communs entre les personnes issues de la génération Y. Mais cela n'est pas suffisant pour tirer une généralité au sujet des comportements et aspirations de chacun. C'est surtout une erreur importante que d'en tirer des jugements de valeurs définitifs sur les qualités et défauts des uns et des autres (individualistes et paresseux pour ceux qui en ont une vision négative, innovants et dynamiques pour ceux qui en ont une vision positive…).

Plutôt que d'opposer les générations les unes aux autres, il est beaucoup plus intéressant de s'interroger sur les changements profonds de la société, et ce, pour tout le monde. L'arrivée des nouvelles technologies n'est pas une réalité que pour les jeunes de moins de 30 ans, elle l'est aussi pour les autres, et également pour les entreprises qui doivent totalement changer leurs modes d'organisation en fonction de cette nouvelle donne. Dans ce contexte, tout le monde doit, peu ou prou, s'adapter aux nouvelles techniques qui s'offrent à lui. Leur facilité d'adoption dépendra des aptitudes et des appétences de chacun pour ces technologies. Nous connaissons tous une personne « senior » qui a un mal fou à faire fonctionner son ordinateur et qui n'utilise son téléphone que pour téléphoner (!), ce qui renforce nos stéréotypes sur le sujet. Mais en cherchant bien, il est probable que nous connaissions tous aussi un senior totalement au fait de ces nouvelles techniques et les ayant intégrées dans son quotidien.

Concernant le rapport au travail, il est vrai que les choses ne se traduisent pas de la même façon pour les personnes qui sont déjà entrées sur le marché et ont déjà « une place », et pour celles qui sortent de leurs études et peinent à trouver un premier travail.

Pour autant, la question du bien-être au travail, de l'épanouissement personnel, de la conciliation entre vie professionnelle et vie privée, est-elle réservée aux jeunes de la génération Y, ou est-ce une aspiration partagée par une part beaucoup plus importante de la population ?

Force est de constater qu'opposer les catégories sociales, les présenter comme fondamentalement différentes, inconciliables, est bien plus vendeur dans un monde qui prône la compétition en permanence. Il est plus difficile pour l'esprit, plus exigeant et probablement moins amusant, d'admettre que les individus ne sont pas des produits classables en rayon de magasins comme le seraient les différents types de fromages, et qu'il faut un minimum de nez, de finesse, d'ouverture d'esprit pour accepter l'idée que les gens sont toujours *plus* que ce que l'on croit connaître d'eux.

Enfin, en se plaçant strictement du point de vue de l'entreprise et de sa performance, est-il plus efficace de se demander comment gérer ces êtres étranges que sont (au choix) les jeunes, les seniors, les femmes, les travailleurs immigrés, les Chinois ou les informaticiens, en s'interrogeant sur le fonctionnement de leur cerveau et leurs aspirations profondes, ou de s'interroger sur l'organisation de l'entreprise, ses valeurs, sa vision, et le sens qu'elle pourra apporter à toutes ces individualités différentes ?

L'appréciation de la culture de l'autre : l'apport des travaux de chercheurs tels que Fons Trompenaars

La dimension culturelle liée au pays d'appartenance est un puissant facteur de cohésion d'une catégorie sociale car elle inclut l'histoire commune, les lois, les productions artistiques, la langue, etc., et crée un ensemble de codes communs très substantiel. Les personnes nées dans un pays baignent dans un même univers avec certaines règles, certains modèles, des comportements adoptés enseignés, de façon explicite ou tacite, comme étant la norme à suivre.

Certains auteurs ont fait un travail très poussé d'identification des différences culturelles. Citons en particulier Fons Trompenaars, qui a longuement étudié comment les différences culturelles entre personnes issues de pays différents s'exprimaient, notamment dans le contexte professionnel. Ces recherches s'appuient sur des enquêtes menées à grande échelle auprès d'entreprises multinationales. Le résultat de ces travaux permet d'établir une cartographie représentant les grandes caractéristiques de chaque pays en matière d'approche managériale (les conclusions de Trompenaars seraient pertinentes dans bien d'autres domaines).

En synthèse, les travaux de Trompenaars s'appuient sur l'idée qu'il existe sept grandes dimensions, chacune caractérisée par deux pôles extrêmes, sur lesquels chaque culture nationale va être positionnée à différents degrés. Voici, pour chacune de ces dimensions, les positions extrêmes[13] :

– Universalisme ou particularisme. Il s'agit de l'idée selon laquelle certaines cultures vont privilégier la règle établie, valable pour tous et donc garante de l'égalité entre les personnes. D'autres cultures, plus particularistes, vont rendre possible l'adaptation de la règle aux circonstances, aux personnes, en vue de préserver avant tout la qualité de la relation interpersonnelle, en fonction de la situation donnée.

– Mise en avant de l'individu ou de l'esprit de groupe. Pour simplifier (car cette dimension se traduit dans de nombreuses implications), la structure professionnelle où domine la notion d'individu privilégiera la responsabilité individuelle, qui se traduira aussi bien dans les honneurs (c'est grâce à lui qu'on a réussi) que dans l'échec (c'est de sa faute à lui), alors que là où domine la dimension collective seront privilégiées les recherches de solutions participatives et impliquant l'ensemble du groupe.

– Prise en compte ou non de l'affectif. Cette dimension est à mettre en lien avec la place accordée aux émotions et aux liens affectifs dans les relations interpersonnelles. Dans un cas, l'absence d'expression de l'affect sera vue comme un gage de véracité et d'objectivité, alors qu'à l'autre bout de cet axe, l'expression de la colère, de la passion ou d'un autre sentiment seront les véritables indicateurs de ce qui est vrai, sincère.

---

13. Pour une compréhension plus fine et juste de ses travaux, se reporter à ses ouvrages, notamment *L'entreprise multiculturelle*, Édition Maxima, 1993.

– Le degré d'engagement – diffus ou spécifique – envers une personne ou une situation. Cette dimension fait référence à l'importance accordée à la relation en tant que telle, qu'elle soit professionnelle ou privée. Une personne ayant un degré d'engagement «spécifique» fera en fait une distinction nette entre le domaine professionnel (avec ses liens hiérarchiques, ses règles) et le domaine privé (dans lequel les liens hiérarchiques avec les collègues de bureau disparaissent et se fondent sur d'autres modes). Une personne ayant un degré d'engagement «diffus» fera moins la distinction entre les deux univers, et la place de la relation interpersonnelle sera aussi plus importante, y compris dans les transactions professionnelles.

– Le statut attribué ou statut acquis. Il s'agit là de la distinction faite entre l'importance donnée aux réalisations concrètes, aux résultats d'une personne, quel que soit par exemple son niveau de diplôme (il s'agit alors d'un statut acquis), plutôt qu'au statut de la personne lié à son âge, sa classe sociale, son héritage familial (statut attribué). Derrière cette dimension se cache celle de la légitimité accordée à une personne : doit-on lui accorder une prime salariale car elle a brillamment mené le projet X, ou parce qu'elle affiche vingt ans d'ancienneté dans l'entreprise?

– L'attitude à l'égard du temps. Certaines cultures auraient un fonctionnement plutôt séquentiel : le temps est découpé en parties, chacune attribuée à une tâche donnée. Le respect de l'ordonnancement est primordial pour la bonne marche des événements. Le temps est vu comme une denrée limitée, rigide, l'heure et la durée des rendez-vous doivent être scrupuleusement respectées. Dans d'autres cultures, le temps serait vécu de façon synchrone, en intégrant la dimension cyclique (répétition des jours et des saisons), et en admettant la possibilité de mener plusieurs tâches de front, ce qui peut, le cas échéant, entraîner du retard dans certaines d'entre elles, ou au contraire, un gain de temps. Le cas le plus souvent évoqué de discordance au niveau de la relation au temps concerne le (non-)respect des délais de livraison ou de réalisation de projets, quand les différentes étapes sont réparties entre des équipes travaillant dans différents pays.

– L'attitude vis-à-vis de l'environnement. Cette dimension fait référence au fait que certaines cultures auraient la conviction qu'elles ont une possibilité de contrôle sur l'environnement, d'impact, si ce n'est de domination sur la nature. Cette conviction entraîne une posture active, entreprenante vis-à-vis de l'extérieur. D'autres cultures admettraient plus volontiers la domination de la nature sur les actes humains, et adopteraient en conséquence une attitude tendant plus vers l'acceptation, la compréhension de l'environnement extérieur pour s'y adapter au mieux.

Voilà, brièvement, une présentation de la cartographie proposée par Trompenaars sur les différences culturelles. D'autres auteurs ont apporté par la suite leur propre analyse, avec des dimensions un peu différentes. Volontairement, nous ne développerons pas plus cette partie. Premièrement, cela vous incitera à lire ces travaux à la source, ce qui sera forcément plus complet que les synthèses que nous pourrons en faire. Deuxièmement, nous avons intentionnellement évité d'associer à tel ou tel pays les caractéristiques décrites par Trompenaars. Dans ses ouvrages, vous trouverez nombre d'anecdotes qui illustreront parfaitement ses propos.

Dans le travail qui nous concerne, il nous semble plus pertinent de nous arrêter sur le fait que, oui, effectivement et indéniablement, il existe des différences culturelles entre les pays, et par conséquent, entre les personnes. Ce que les dimensions de Trompenaars mettent en évidence et qu'il nous semble intéressant de souligner, c'est le fait que tous autant que nous sommes, nous sommes pétris de références, de codes, d'habitudes, et que nous avons rarement conscience du fait qu'il est *possible* de faire autrement. Grâce à ce genre de travaux, il peut être salvateur de découvrir qu'il existe plusieurs cartographies culturelles, que nous nous positionnons sur l'une d'entre elles, et que notre référentiel n'est ni le seul, ni forcément le meilleur dans toutes les situations[14].

---

14. Attention, nous ne faisons pas ici de relativisme culturel. Il ne s'agit pas de dire que toutes les pratiques culturelles se valent. Nous parlons précisément des axes présentés par Trompenaars, qui révèlent un certain rapport au monde et ne reflètent en rien les valeurs, les systèmes politiques, les rapports inégalitaires ou les inégalités de droit qui existent entre certaines catégories de population.

Stéréotypes et appréciation réductrice de la culture de l'autre

Quels seraient, dans ces conditions, les stéréotypes associés à ces cartographies culturelles? Soulignons avant tout que Trompenaars n'est pas dans le stéréotype, car il précise bien que ces dimensions, désignées par leurs extrémités, sont des marqueurs sur lesquels les cultures nationales seront positionnées de façon nuancée. De plus, il précise qu'il est tout à fait possible que plusieurs caractéristiques, apparemment contradictoires, puissent être combinées (une société privilégiant le statut attribué par la classe sociale et l'âge, par exemple, peut reconnaître, à certains moments, le mérite individuel). Les choses ne sont donc pas figées dans le marbre.

Les stéréotypes consisteraient, justement, à figer les choses dans le marbre, à généraliser une caractéristique donnée et à ignorer toutes les autres.

Prendre connaissance des grands traits culturels dont parle Trompenaars est sans aucun doute indispensable quand on veut travailler en harmonie avec d'autres personnes de cultures différentes. Cela permet de se mettre à leur place, de comprendre leurs références, leurs points de vue et de chercher une concordance entre leur façon de faire et la nôtre. Nous abordons d'ailleurs ce point en première partie du Livre II. Dans le cadre de relations en entreprises entre des personnes de nationalités différentes, le groupe d'appartenance au pays est certainement dominant dans ce qui va se jouer dans la relation à l'autre, et on peut supposer que les autres groupes d'appartenance (le genre, l'âge, la culture professionnelle, etc.), seront eux-mêmes très influencés par la culture nationale dans laquelle la personne a baigné. Ce point est, à l'évidence, à prendre en considération.

En revanche, il est toujours bon de s'éloigner des stéréotypes car ceux-ci sont, par définition, réducteurs. Comme nous l'avons vu, une personne n'est jamais réductible à une seule catégorie sociale, et elle est toujours imprégnée de plusieurs références culturelles. Penser qu'il suffit de comprendre quelles sont les références culturelles essentielles de la culture chinoise pour cerner la personnalité du partenaire chinois avec qui nous travaillons est un écueil à éviter. Ce serait ignorer beaucoup d'autres paramètres tels que sa personnalité, son histoire individuelle ou encore la situation particulière de la rencontre. C'est pourquoi faire ce travail de compréhension de la culture de l'autre est nécessaire, mais pas suffisant.

De plus, ce serait une façon de croire qu'il est nécessaire d'«identifier nos différences pour pouvoir travailler ensemble». Or nous affirmons, au contraire, qu'il est bien plus utile «d'identifier nos points communs pour pouvoir travailler ensemble».

Les stéréotypes issus d'une construction sociale

Il s'agit des stéréotypes qui trouvent leur source non pas dans des réalités sociales ou des évaluations statistiques indubitables, mais dans la justification des inégalités entre catégories sociales. En effet, la société se construit et évolue au fil du temps en mettant en scène différentes catégories sociales qui s'affrontent et ont du pouvoir les unes sur les autres.

Stéréotypes «de races»

Quand les premiers explorateurs blancs ont mis le pied sur le continent africain, ils ont rencontré des habitants au physique différent, des noirs. Ces personnes avaient aussi des modes de vie différents, qui n'avaient pas pris la même tournure que dans les pays occidentaux : ces sociétés, dites «primitives», étaient restées pour certaines d'entre elles comme figées dans des traditions, à l'écart du progrès et de la modernité que vivait alors le continent blanc. Le raisonnement de ces voyageurs s'est vite construit : ces individus, différents, étaient à l'évidence moins intelligents que les blancs puisqu'ils n'avaient pas découvert les voies du progrès. Différents, moins intelligents, sous-développés, en bref, inférieurs. Se sont ensuivis les débats autour de la question du rattachement des noirs à la population humaine ou animale (ont-ils une âme, comme les humains ?), l'essor du système de l'esclavage, etc.

Les stéréotypes qui se sont forgés alors ont permis de légitimer et de renforcer le système inégalitaire qui se construisait. Ces stéréotypes se sont auto-alimentés ensuite par le fait que, mise en position d'infériorité sociale, cette catégorie de la population se voyait enfermée dans une impossibilité d'essor social, ou pour le moins de façon ralentie. La révolte des noirs, comme aux États-Unis, leur a finalement permis de sortir de l'esclavage et de revendiquer les mêmes droits que les blancs, d'exprimer toutes leurs compétences, démontrant par là-même la fausseté de tous les stéréotypes à leur égard. Néanmoins, de nos jours, on trouve encore des résidus de stéréotypes négatifs sur les noirs aux États-Unis, de même qu'on en trouve en Europe autour de toutes les populations qui, à un moment donné de leur histoire, ont subi le joug de la domination par un autre groupe social.

Aujourd'hui en France, si nous croyons bien connaître les stéréotypes dont souffre la population d'origine maghrébine, nous nous rappelons moins qu'il y a environ 50 ans, c'étaient les Italiens, dont l'immigration était très forte, qui subissaient le plus de rejet de la population locale et souffraient des représentations négatives à leur sujet. Aujourd'hui, alors que cette population d'immigrés italiens a fini par s'intégrer pleinement à la population française, c'est une autre catégorie sociale qui a pris « le relais » dans la nouvelle crise économique, avec le croisement des thématiques d'immigration et de chômage propice à l'émergence des stéréotypes négatifs. Cet exemple montre bien les liens très forts entre les situations socio-économiques de certaines catégories sociales et les stéréotypes négatifs dont elles souffrent de la part de la catégorie sociale « dominante ».

Stéréotypes de genre

Les stéréotypes associés au genre (masculin ou féminin) des personnes correspondent bien également à cette problématique des relations de pouvoir intergroupes. Nous parlons de « genre » plutôt que de « sexe » afin de rendre compte de la dimension sociale construite des rapports entre hommes et femmes. Le genre est une notion qui englobe les injonctions sociales pesant sur les unes et les autres, les rôles attendus, les caractéristiques, goûts, aptitudes supposés des femmes et des hommes. Le sexe renvoie à la seule différence biologique partageant l'humanité en deux. C'est une donnée observable, permanente. Les rapports de genre, eux, se construisent différemment en fonction de l'époque, du lieu, de l'histoire.

Certains aspects, cependant, sont permanents dans les rapports de genre, quels que soient le lieu ou l'époque. Sans rentrer dans les détails, nous pouvons relever l'existence de deux grandes sphères dans lesquelles sont cantonnés d'un côté les hommes, de l'autre, les femmes : la sphère du privé, réservée aux femmes, et la sphère du public, dévolue aux hommes. Dans la sphère du privé, le soin des enfants, de la maison, du mari. Dans la sphère du public, les affaires collectives, la politique. Cette répartition des rôles, dichotomique, est structurante de la société humaine et se retrouve, à des degrés divers, sous toutes les latitudes du globe. Au long de cet axe, de nombreux cas de figures quant à la participation des femmes au pouvoir politique ou économique existent et traduisent une certaine diversité des constructions sociales en fonction des pays.

Pour ne parler que de la France, la dichotomie entre sphère publique et privée a été éclatante au moment de la Révolution française quand le suffrage universel a été instauré tout en excluant, de façon très naturelle, la moitié de la société : celle cantonnée aux affaires privées et dont la participation à la vie publique n'était même pas envisageable. Rappelons que les femmes n'ont le droit de vote en France que depuis 1944. Elles n'ont le droit de travailler sans l'autorisation de leur mari que depuis 1965, soit… il y a à peine 50 ans !

Cette répartition des rôles n'a pas pour seule origine qu'une prétendue complémentarité entre hommes et femmes et révèle bien un rapport de pouvoir et de domination entre les genres. Ne serait-ce qu'en France, l'infériorité féminine a été encadrée par la loi jusque dans la seconde moitié du XXe siècle. Elle a été institutionnalisée sous différentes formes au cours des siècles, avec une période remarquée sous Napoléon et son code de la famille, qui fait des femmes des mineures privées de l'essentiel de leurs droits et mises sous tutelle, du père puis du mari, tout au long de leur vie. Cette inégalité s'est traduite dans tous les domaines jusqu'à nos jours : il a fallu attendre jusqu'en 1919 pour la création d'un «bac féminin», et 1924 pour un programme unifié entre les bacs masculin et féminin. Ce n'est qu'en 1970 que l'autorité parentale partagée a remplacé la puissance paternelle, etc.

46

Bien que l'égalité entre hommes et femmes soit aujourd'hui inscrite dans la loi, les inégalités de genre se traduisent encore, aussi bien dans le domaine de l'emploi (le cantonnement à des métiers traditionnellement féminins, le fameux plafond de verre, le temps partiel non choisi, les inégalités de salaires…) que dans le domaine politique (26,6 % de femmes à l'Assemblée nationale, aucune femme présidente, une seule Premier ministre durant la Ve République…) ou encore dans le domaine privé (elles continuent à prendre en charge la grande majorité des tâches ménagères, du soin aux enfants, montrant ainsi la persistance des sphères publiques et privées dans notre imaginaire collectif).

Ce regard sur les constructions de genre et les rapports sociaux inégalitaires qui en découlent nous amène à interroger les fondements des stéréotypes de genre les plus communément admis. Dans quelle mesure ces stéréotypes sont-ils le reflet d'une réalité biologique ou une construction sociale ? Les femmes sont-elles naturellement plus douces, plus à l'écoute, plus fragiles psychologiquement, naturellement moins douées pour les sciences dures, et plus aptes que les hommes pour la relation d'aide ? Les hommes sont-ils naturellement plus rationnels, plus scientifiques, plus forts psychologiquement, et moins doués dans leurs relations aux enfants ? Ou tout ceci n'est-il que construction sociale permettant de justifier la place dévolue à chacun dans la société ?

Dans quelle mesure les stéréotypes de genre ne viennent-ils pas servir un projet social, en légitimant la domination exercée par les uns sur les autres, exactement comme dans les rapports passés entre les noirs et les blancs ?

Les stéréotypes façonnent la réalité autant qu'ils en découlent

Les stéréotypes sont de puissants maintiens de l'ordre social et des inégalités. L'explication qu'ils donnent érige des différences insurmontables entre les catégories de personnes, ce qui peut être extrêmement dangereux si on prend en compte les préjugés négatifs associés à certaines catégories de personnes. De la catégorisation à la hiérarchisation, il n'y a qu'un pas, et faire porter par la biologie et l'inné la responsabilité des inégalités sociales peut conduire au racisme ou à ses équivalents (misogynie, haine de l'autre…). Les stéréotypes sont à la fois une conséquence et une source des inégalités. Par leur vigueur, ils renforcent des pratiques sociales existantes.

Les stéréotypes peuvent difficilement être éradiqués, en particulier pour deux raisons : l'effet de renforcement et l'erreur fondamentale d'attribution.

L'effet de renforcement des stéréotypes

Les personnes à qui on attribue un stéréotype auront tendance à avoir des comportements conformes à celui-ci, ce qui semblera le justifier. On pourra croire ainsi que le stéréotype découle d'une observation statistique, alors qu'il n'a aucune base réelle et provient, en fait, d'une construction sociale.

Ainsi, considérées comme incapables de raisonner scientifiquement, les femmes n'étaient pas encouragées à poursuivre ce type d'études. Ce stéréotype s'est ensuite auto-justifié en s'appuyant sur ces mêmes pratiques sociales. Combien de personnes avez-vous déjà entendu dire quelque chose comme : «Les femmes sont naturellement moins scientifiques que les hommes. La preuve : elles sont moins nombreuses dans ces cursus universitaires» ? (Précisons que ce stéréotype, bien qu'encore en vigueur chez certaines personnes, est aujourd'hui largement contredit par les résultats des filles en sciences au collège et au lycée.)

Il est prudent de se méfier des justifications données à certains stéréotypes sur la base de données statistiques.

L'erreur fondamentale d'attribution

Dans la recherche des causes du comportement ou des performances d'une personne, on distingue :
– les causes liées à la personne : savoir, compétences, capacités, appelées aussi causes internes ;
– les causes liées à l'environnement et aux circonstances extérieures, appelées aussi causes externes.

Des expériences ont montré que lorsqu'on juge des performances de quelqu'un, on privilégie les causes internes, et ce même lorsque seules des causes externes sont à l'origine de ce résultat. C'est ce qu'on appelle *l'erreur fondamentale d'attribution*. L'erreur fondamentale d'attribution se produit ainsi chaque fois que nous légitimons la position de quelqu'un dans la hiérarchie sociale en invoquant seulement ses qualités personnelles et son mérite, sans tenir compte de l'environnement social qui a pu l'aider pour avoir cette position.

En conclusion : les stéréotypes comme filtres d'analyse de la réalité

Enfin, pour clore ce chapitre, nous vous proposons de partager avec nous une expérience édifiante menée par François Le Poultier en 1987 et présentée dans une vidéo intitulée *Je vois ce que je crois*[15]. L'expérience consiste à montrer à plusieurs groupes d'étudiants une même vidéo mettant en scène deux femmes en train de discuter, puis à leur demander de qualifier la personnalité de chacune de ces femmes à partir d'une liste de 40 adjectifs. La vidéo ne présente que l'image, le son est coupé.

Au premier groupe d'étudiants, on dit que la femme à gauche de l'écran est une assistante sociale, et que celle de droite est une personne en grande difficulté venue demander de l'aide. À un autre groupe d'étudiants, on dit que c'est la femme de droite qui est une assistante sociale, et celle de gauche la personne en difficulté.

Comment les deux femmes sont-elles qualifiées par les étudiants en fonction de l'étiquette qui leur est posée au préalable ? Quand elles sont présentées comme assistantes sociales, chacune des deux femmes est décrite comme «attentive, accueillante, calme ou encore maternelle», ce qui correspond bien à l'idée qu'on peut se faire des qualités d'une assistante sociale. Quand elles sont présentées comme des personnes en grande difficulté, les adjectifs les plus employés pour qualifier l'une ou l'autre des femmes sont «soucieuse, nerveuse ou encore mal à l'aise», qui correspondent bien aux stéréotypes qu'on peut avoir sur les personnes rencontrant des problèmes.

---

15. http://www.canal-u.tv/video/les_amphis_de_france_5/les_effets_de_la_categorisation.3078

Que pouvons-nous déduire de cette expérience?

Nous pouvons en déduire que nous ne voyons que ce que nous voulons voir, et que nous cherchons par tous les moyens à conforter l'idée qu'on se fait d'une chose. Notre description de la réalité est totalement tributaire de l'idée que nous avons, *a priori*, de quelque chose.

Autrement dit, tous les attributs que nous allons associer à nos collègues de travail dans les contextes professionnels multiculturels que nous avons évoqués plus haut (fusions d'établissements, recrutement de nouvelles personnes, clivages entre services, etc.), sont de pures projections de nos esprits. Si nos préjugés nous poussent à considérer les seniors comme des êtres ramollos rétifs au changement, c'est ainsi que nous verrons, indiscutablement, notre collègue senior avec qui on nous demande de travailler. Et nous trouverons un tas de preuves convaincantes allant dans ce sens.

Nous aurons l'occasion de revenir plus longuement sur ce phénomène au sujet des croyances et de l'effet Pygmalion.

> ▶ **Protocole groupe**
> Mettre en évidence l'impact des stéréotypes sur la représentation de la réalité en utilisant des vidéos existantes, ou, plus simplement, en montrant des cartes ou des photos. Le passage par les images est extrêmement efficace.

Du stéréotype au préjugé

Souvent, le terme stéréotype est employé dans le sens de préjugé. Or, si le stéréotype est la simplification et la généralisation d'une caractéristique à l'ensemble des membres d'un groupe d'appartenance, le préjugé porte en lui une notion de valeur et de jugement.

Il existe des stéréotypes qui n'impliquent pas de jugement. C'est le cas par exemple lorsque l'on dit : « Les Mexicains ont les cheveux noirs », il n'y a pas de jugement de valeur. Il s'agit d'un stéréotype neutre.

Il y a d'autres stéréotypes qui portent en eux un préjugé, positif ou négatif : « Les Allemands sont rigoureux, ils sont rigides. »

Le préjugé est donc le jugement de valeur associé au stéréotype, et il va prédisposer l'individu à agir d'une certaine manière vis-à-vis des personnes concernées par ce stéréotype.

Nous voyons bien que le fait de bénéficier d'un préjugé positif est, tout autant que dans le cadre d'un préjugé négatif, une façon d'être catalogué, de se faire coller une étiquette. Quand on fait l'objet d'un préjugé, positif ou négatif, la personne en face ne nous juge pas en tant qu'individu reconnu dans son unicité, mais elle nous juge en tant que membre d'une catégorie à laquelle elle croit pouvoir nous associer, et sur laquelle elle possède des représentations bien définies.

Il y a donc plusieurs étapes allant du stéréotype au préjugé, puis à la discrimination :

– La personne qui me regarde croit que je fais partie de telle ou telle catégorie, à partir d'un fait observé. Parce que j'ai un nom à consonance maghrébine, la personne en face pense que je suis musulmane.

– La personne active les préjugés qu'elle a fondés à partir des stéréotypes associés à la catégorie des musulmans.

– Elle agit à mon égard en fonction de ses préjugés : rejet, ou, au contraire, rapprochement si la personne est elle-même musulmane, etc.

Ce que nous pouvons illustrer par le schéma suivant :

| Fait observé | Interprétation et rattachement à une catégorie – activation des préjugés | Action en fonction de ces préjugés |

Nous agissons en fonction du sens que nous donnons à la réalité observée. C'est dans l'action que peut surgir la discrimination.

L'impact de nos préjugés sur nos actes : du préjugé à la discrimination

Dans son premier sens commun, le verbe discriminer signifie différencier, distinguer. Dans ce cas de figure, la discrimination n'est en soi ni bonne ni mauvaise. D'ailleurs, elle est partout dans notre système. Le système de répartition des impôts en France, par exemple, est fondé sur un principe discriminatoire : un foyer ne payera pas le même montant selon ses revenus. Le *discriminant* choisi est ici le niveau de revenus des personnes, et ce système permet d'assurer une certaine justice sociale.

Dans le domaine de l'emploi, le recruteur ayant reçu plusieurs candidatures doit procéder à un processus de discrimination, c'est-à-dire de différenciation et de choix de ces candidatures pour finalement ne retenir que la meilleure selon lui. Si le recrutement se fait de façon éthique, les discriminants retenus seront la compétence et l'expérience des candidats, deux critères justes et pertinents dans le cas présent.

La discrimination est un problème et devient illégale quand elle repose sur des critères arbitraires, faussés, en d'autres termes, elle est un problème quand elle est fondée sur des préjugés et non sur des faits objectifs et qu'elle entraîne, donc, un acte injuste envers la personne concernée.

Aujourd'hui, dans le langage courant, quand on parle de discrimination, le terme porte toujours en lui cette coloration négative qui fait référence au fait de «discriminer sur des préjugés et de commettre un acte injuste». Par la suite, c'est effectivement dans ce sens usuel que nous emploierons ce terme.

Dans l'exemple que nous prenions plus haut, si le recruteur privilégie les candidatures d'hommes d'origine française, il s'agit alors d'une situation claire de discrimination (dans le sens courant), car le choix du recruteur ne se fait pas sur les critères objectifs de compétences des candidats, mais sur sa propre représentation de ce que ces candidats *sont*, de ce *qu'ils valent*, représentation elle-même fondée sur des préjugés concernant les femmes ou les personnes de couleur.

Ce cas présent est facile à appréhender, et il ne fait pas de doute qu'il suscite l'adhésion sur le fait qu'il s'agisse bien de discrimination et que cet acte est répréhensible. C'est un exemple tellement rabâché, dans les médias notamment, que la plupart des gens ne pensent pas que la discrimination puisse être beaucoup plus subtile et passer totalement inaperçue, à leur insu. C'est pourquoi, dans la majorité des entreprises que nous avons rencontrées, le discours général est souvent le même : «Chez nous, il n'y a pas de discrimination.»

Les chiffres, pourtant, parlent d'eux-mêmes. Il suffit de prendre connaissance des bilans sociaux des entreprises pour constater qu'en général, les hommes et les femmes sont cantonnés à des métiers d'hommes ou de femmes (98 % des secrétaires sont des femmes[16], 95 % des chauffeurs routiers, des hommes[17], et la moitié des emplois occupés

---

16. *Chiffres clés 2011 de l'égalité femmes-hommes*, ministère des Solidarités et de la Cohésion sociale, mars 2012. http://www.social-sante.gouv.fr/IMG/pdf/Chiffres_cle_egalite_homme_femmes_2011.pdf
17. «Métiers et sexe : les professions ont-elles un genre ?» du 25 mai 2011 publié sur http://www.blog-pour-emploi.com/2011/05/25/metiers-et-sexe-les-professions-ont-elles-un-genre/

par les femmes se concentrent dans seulement 12 des 87 familles de métiers[18]), que ces dernières sont très minoritaires sur les postes à responsabilité malgré leur plus haut niveau d'études (moins d'un tiers de femmes occupent les postes d'encadrement dans les entreprises privées[19]), que les jeunes et les seniors sont ceux qui peinent le plus à trouver un emploi (environ 25 % des jeunes de 15 à 24 ans sont au chômage[20] ainsi que 6,7 % des seniors de 55 à 64 ans[21]), et qu'il y a beaucoup moins de personnes d'origine étrangère qu'il ne devrait y en avoir, eu égard à leur proportion à la sortie des universités (bien que les statistiques liées à l'origine en France n'existent pas et qu'il est difficile d'avoir des indications précises sur ce type de discrimination).

Plus qu'un déni de réalité de la part des salariés et dirigeants d'entreprises face à l'existence de ces discriminations, il s'agit probablement plutôt de réaliser, pour ces personnes, que les discriminations se font à leur insu, voire à leur corps défendant.

Nous avons beau être très informés sur les stéréotypes, les préjugés et la discrimination, nous avons beau être des personnes ouvertes et tolérantes, il est plus que probable que nous ayons, malgré nous, des préjugés fortement ancrés concernant certaines catégories sociales, et que ces préjugés nous fassent prendre des décisions pouvant s'apparenter à des actes de discrimination.

Les préjugés, de même que les croyances, qui sont la grande tribu au sein de laquelle les préjugés sont une sous-famille, ont ceci de caractéristique : ils sont le plus souvent inconscients. Ils reposent sur les stéréotypes qui, comme nous l'avons vu, sont des éléments structurants de notre pensée et de notre façon d'appréhender le monde. Il nous

---

18. *Chiffres clés 2011 de l'égalité femmes-hommes, op.cit.*
19. *Id.*
20. « Le chômage des jeunes : enjeu délicat pour 2011 », par Marc Angrand, publié le 09/12/2010 sur le site du *Point*, http://www.lepoint.fr/fil-info-reuters/le-chomage-des-jeunes-enjeu-delicat-pour-2011-09-12-2010-1273081_240.php
21. « L'emploi et le chômage des seniors : Le rapport DARES du 30 septembre 2011 », publié sur ledroitdesseniors. fr, http://www.ledroitdesseniors.fr/2011/10/10/l%E2%80%99emploi-et-le-chomage-des-seniors-en-2011-le-rapport-dares-du-30-septembre-2010/

est très difficile de prendre conscience de nos stéréotypes, de nos préjugés et de nos croyances car ils sont une partie intégrante de notre référentiel de pensée.

Les stéréotypes, les préjugés sont aussi ce qui nous permet d'élaborer des normes, des constantes. Ce qui s'éloigne de la norme peut alors nous sembler « anormal», et cette notion « d'anormalité» peut à son tour entraîner un jugement négatif, un jugement moral.

C'est très souvent ce qui arrive dans les cas particuliers des discriminations hommes-femmes. En toute bonne foi, et en pensant faire ce qui est bon et juste, une personne peut être amenée à discriminer. Voici plusieurs exemples de ce phénomène.

Femmes musulmanes et droits sexuels

À l'occasion d'une information de sensibilisation sur les droits des femmes, et notamment les droits sexuels (contraception, avortement...), nous avons reçu tout un groupe de femmes étrangères, maghrébines et turques, beaucoup étant voilées. Une des intervenantes a voulu modifier le programme d'information, en évitant de parler du droit à l'avortement, afin de «ne pas choquer» la sensibilité de ces femmes, ce que nous avons refusé, en arguant le fait qu'en France, le recours à l'IVG est un droit et que priver des personnes de cette information serait un cas évident de discrimination.

Ici, l'intervenante a voulu bien faire en se fondant sur sa propre interprétation de ce que ces femmes pourraient penser, en faisant des suppositions quant à leur appartenance culturelle, et en activant toute une série de préjugés sur cette appartenance culturelle. Ce qui fait beaucoup de suppositions et d'interprétations successives.

Cet exemple illustre bien la nécessité de ne jamais penser à la place de l'autre, de ne jamais supposer ce que sont les pensées, les désirs, ou les modes de fonctionnement de la personne en face de soi, en s'appuyant sur son propre référentiel et sa propre analyse des choses. Cette réflexion nous renvoie à l'un des éléments fondamentaux du coaching, qui est le principe du «non-sachant»: le sachant est celui qui sait, celui qui sait est celui qui vit les choses, non celui qui l'accompagne. Le coach ne sait pas à la place du coaché, et ce n'est qu'à la condition d'accepter pleinement ce rôle de «non-sachant» qu'il peut efficacement aider le coaché. Dans le domaine multiculturel, cette posture du non-sachant est fondamentale, et comme le disait Mark Twain : « Le danger, ce n'est pas ce qu'on ignore, c'est ce qu'on tient pour certain et qui ne l'est pas. »

Stéréotypes féminins et masculins de tolérance au bruit et à la saleté
Un autre exemple de discrimination fondée sur la volonté de bien faire nous est donné très fréquemment quand, à la rencontre d'entreprises et notamment dans des secteurs tels que la métallurgie, les dirigeants ou DRH (hommes ou femmes) nous regardent avec des yeux horrifiés en expliquant que jamais ils n'embaucheront de femme dans l'atelier, car ce sont des métiers beaucoup trop salissants, trop bruyants, trop physiques ou globalement inadaptés aux femmes. L'argument de la force physique peut s'entendre, encore que les métiers nécessitant une grande force physique soient en diminution constante depuis des années.

Par ailleurs, certaines études auraient montré qu'une femme ayant trois enfants en bas âge supportait plus de poids sur une année qu'un déménageur, ce qui est de nature à nous questionner sur les limites physiques que l'on associe traditionnellement aux hommes et aux femmes. Si l'argument de la force physique peut donc s'entendre, les autres arguments, bruit et saleté, posent question. Ils renvoient simplement à l'imaginaire de ces recruteurs, pour lesquels le stéréotype féminin ne cadre pas dans un univers traditionnellement masculin, univers dans lequel le bruit et la saleté seront beaucoup mieux tolérés.

Il serait plus intéressant, en tout cas, de se demander comment rendre ces contextes de travail moins bruyants, salissants et physiques, ce qui permettrait une amélioration pour les hommes qui y travaillent, plutôt que d'exclure d'emblée les candidatures féminines qui pourraient se présenter.

La normalité du rôle féminin de parentalité
Enfin l'exemple que nous voulons développer ici, et qui nous paraît très significatif, concerne une étude que nous avons menée en 2006 auprès d'une Mission locale. Les conseillères de la Mission locale, sensibilisées à la question du genre, étaient volontaires pour qu'une étude soit menée sur leurs pratiques professionnelles, afin d'identifier

d'éventuelles pratiques discriminatoires qu'elles-mêmes n'auraient pas conscience de produire. Notons que les personnes accompagnées par les Missions locales sont des jeunes de 18 à 25 ans, souvent très peu qualifiés. Beaucoup de postes qui leur sont proposés ne nécessitent pas de prérequis de compétences mais plutôt des qualités personnelles d'investissement et de comportement.

Un des premiers constats a concerné la différence d'informations fournies aux jeunes filles et aux jeunes garçons concernant les possibilités d'emploi : les garçons étant globalement plus prévenus quand des offres de travail traditionnellement masculines se présentaient (peinture, jardinage…) et les filles sollicitées pour les offres traditionnellement féminines (garde d'enfants, secrétariat…). Ce qui, de fait, réduisait le champ des possibilités aussi bien pour les filles que pour les garçons. Étant donné qu'un certain nombre de ces emplois ne nécessitait ni compétence ni expérience particulière, il n'y avait aucune raison, *a priori*, d'exclure une candidature parce qu'elle était féminine ou masculine. On voit bien ici le processus à l'œuvre selon lequel il semblait « plus naturel » aux conseillères d'imaginer un garçon faisant de la peinture en bâtiment et une fille du secrétariat que l'inverse ; cette conception s'appuyant sur une construction culturelle du genre extrêmement bien ancrée dans la société et dont nous sommes tous imprégnés, y compris des professionnels de l'emploi supposés plus informés et attentifs à ce type de préjugés.

Un autre constat important, qui a sans doute constitué la prise de conscience la plus forte chez les conseillères ayant participé à l'étude, concerne leur prise en compte du rôle de la parentalité des jeunes accueillis. Il n'est pas rare que des jeunes parents soient reçus à la Mission locale. Les conseillères ont pris conscience que lorsqu'elles recevaient une jeune mère, elles lui demandaient comment elle allait faire pour s'occuper de la garde de ses enfants, comment elle concilierait son travail avec ses obligations familiales, questions d'autant plus importantes quand le travail en question nécessitait des déplacements ou des contraintes particulières. Ces questions n'étaient jamais posées aux jeunes pères, pour lesquels les postes à contraintes n'étaient, par conséquent, jamais considérés comme des obstacles.

En intégrant cette réalité sociale (de fait, les femmes sont celles qui prennent en charge la grande majorité des contraintes familiales[22]) comme une donnée *normale*, qui n'a pas à être remise en cause, les conseillères de la Mission locale perpétuaient sans le savoir l'un des facteurs les plus forts des inégalités entre hommes et femmes face à l'emploi, qui est celui de la non-répartition des tâches familiales dans le couple. Une attitude non discriminatoire consisterait à impliquer les pères autant que les mères dans la prise en compte de leurs obligations familiales pour leur recherche d'emploi.

Cet exemple illustre bien comment nous pouvons, en toute bonne foi et sans nous en rendre compte, produire de la discrimination en nous appuyant simplement sur ce qui nous paraît « normal » et « naturel », et non en nous appuyant sur des faits objectifs, des compétences. Nous sommes, encore une fois, dans le domaine de l'interprétation, de la lecture d'une réalité à partir de notre propre filtre personnel, filtre imprégné de notre histoire, de notre culture, de nos valeurs mais aussi à partir de nos préjugés, de nos croyances qui guident nos actes sans que nous en percevions l'impact.

La prise de conscience de ses préjugés et la mise à distance de ses propres filtres d'interprétation de la réalité sont nécessaires quand on aspire à une conduite non discriminatoire.

Quel lien pouvons-nous faire entre ce chapitre sur la discrimination et les problèmes rencontrés par les équipes multiculturelles ? Si le terme de discrimination paraît excessif pour qualifier les difficultés des personnes à travailler ensemble, il s'agit néanmoins des mêmes processus à l'œuvre : les préjugés et stéréotypes que l'on possède sur telle ou telle catégorie sociale (les femmes, les seniors, les travailleurs sociaux, les pauvres, etc.) vont nous conduire à adopter certains comportements, allant de la simple rétention d'information au rejet total.

---

22. Elles assurent encore 80% des tâches domestiques (*Chiffres clés 2011 de l'égalité femmes-hommes*, ministère des Solidarités et de la Cohésion sociale, mars 2012. http://www.social-sante.gouv.fr/IMG/pdf/ Chiffres_cle_egalite_homme_femmes_2011.pdf.)

Nous verrons plus loin par quels types de protocoles le coaching peut aider les individus et les groupes à prendre conscience de leurs préjugés et filtres d'interprétation, et donc contribuer à un travail interculturel.

Comment se faire peindre en blanc

De même que nous avons tendance à classer les personnes que nous rencontrons en les faisant rentrer dans les cases que sont nos grands stéréotypes, immanquablement, nous sommes aussi l'objet de classification quand d'autres personnes posent sur nous leur regard pour la première fois. Par notre sexe, notre couleur de peau, notre profession, notre statut dans l'échelle sociale, etc., la personne en face va projeter sur nous tout un ensemble de comportements, traits de personnalité, opinions qui colleront avec les stéréotypes qu'elle aura des différents groupes d'appartenance auxquels nous semblerons appartenir. C'est ce que nous appelons le phénomène de «se faire peindre en blanc», expression qui nous est venue d'un ami qui s'était rendu dans un pays d'Afrique noire où il avait eu à endosser tous les costumes taillés pour lui par les habitants qu'il rencontrait, imprégnés de leurs représentations sur les blancs.

Se faire peindre en blanc, quelle que soit bien sûr l'étiquette qu'on veut bien vous coller (on pourrait dire : se faire peindre en femme, se faire peindre en personne âgée, se faire peindre en homo, en noir, etc.), c'est avoir affaire à une personne qui adopte un comportement particulier, totalement inadapté à ce que vous êtes réellement en tant que personne, mais calqué sur l'image qu'elle a du stéréotype qu'elle vous a collé.

Une de nos amies s'est fait «peindre en mère du siècle dernier» le jour où, étant enceinte et en recherche d'emploi, elle s'est entendu dire par le conseiller du Pôle emploi qu'il n'était pas nécessaire qu'elle poursuive ses recherches dans l'immédiat, attendu que, «à l'évidence, votre projet prioritaire aujourd'hui n'est pas de travailler, mais de vous occuper de l'enfant à venir».

On peut avoir trois niveaux d'analyse avec ce commentaire :

– Le premier : le conseiller a subodoré ce que pouvait penser notre amie, quelles pouvaient être ses priorités, simplement en observant quelque chose chez elle, en l'occurrence son corps lui indiquant sa grossesse, sans même s'intéresser à ce qu'elle pensait, elle. Il a agi en activant les différentes cases de ses stéréotypes, dans lesquelles il a puisé l'analyse qui lui paraissait la plus pertinente. C'est ce que nous faisons tous quand nous analysons les événements par le filtre de nos stéréotypes et non par celui de la réalité de l'instant.

– Le deuxième, plus insidieux, est le fait pour le conseiller de s'appuyer sur une réalité objective (la grossesse), pour asséner une opinion personnelle tout en la faisant passer pour une vérité générale. Qui a soufflé à ce conseiller que, puisque cette femme était enceinte, sa priorité était sa future maternité et non son travail, si ce n'est son propre référentiel de valeurs ? Pour n'importe qui d'un peu vigilant, cette remarque pourrait sonner comme un reproche non dit, un sous-entendu : « Vous n'allez quand même pas chercher du travail alors que vous allez bientôt accoucher ! Ce ne serait bon ni pour l'enfant, ni pour votre employeur, qui serait obligé de vous remplacer tout de suite après vous avoir embauchée. »

– Le troisième niveau, c'est celui de la discrimination qui pourrait découler d'une telle attitude.

> **▶ Protocole groupe**
> Après avoir expliqué au groupe ce que recouvre la notion « se faire peindre en blanc », demander à chacun des membres d'exposer une situation dans laquelle il a eu le sentiment d'être peint en blanc. Faire de même avec la question suivante : il m'est sûrement déjà arrivé de repeindre quelqu'un en blanc, si oui comment ?

Les croyances

Les stéréotypes que nous avons vus précédemment sont des cas particuliers ou des conséquences des croyances que nous avons.

Les croyances sont toutes les choses que nous considérons comme vraies sans qu'elles aient vraiment été vérifiées. Dans le dictionnaire, les origines latines du mot sont rappelées : il vient du latin *credere*, qui signifie croire, avoir confiance. Cette précision est d'importance, et comme nous le verrons par la suite, la confiance est la clé de voûte du travail des équipes multiculturelles.

Les croyances nous font donc tenir pour vrais, réels, des événements, des caractéristiques, des significations, et, plus généralement, toute proposition sans que ces éléments soient pour autant prouvés scientifiquement. Ceci ne signifie pas que toutes les croyances sont fausses, mais simplement que l'affirmation qui les accompagne n'est pas vérifiée.

Il convient ici de rappeler ce qu'est une preuve scientifique pour bien comprendre de quoi l'on parle. Une preuve est ce qui nous conduit à admettre de façon indubitable et contraignante la vérité d'une proposition, par des démonstrations ou des expériences conduites scientifiquement.

Les croyances se trouvent dans tous les domaines de la vie, du plus quotidien au plus métaphysique. Voici quelques exemples de croyances :
– Le fait qu'il soit arrivé en retard à notre rendez-vous montre qu'il ne me respecte pas.
– Je ne serai jamais capable de prendre la parole en public.
– Les métiers de la métallurgie ne sont pas faits pour les femmes.
– Les fonctionnaires sont paresseux.

– Pour réussir dans la vie, il faut fonder une famille.

– Je crois que Dieu existe. Etc.

Nous constatons donc bien que les stéréotypes sont des cas particuliers de croyances (d'ailleurs, saurez-vous les retrouver?).

Le rôle des croyances : donner du sens

Les croyances ont un rôle fondamental dans notre vie, elles nous permettent en effet de combler le vide de nos connaissances. En comblant ce vide, elles nous permettent d'analyser le monde qui nous entoure et d'agir en conséquence. Elles donnent du sens aux événements et sont ainsi le fondement d'un grand nombre de nos actes.

Elles soutiennent tout l'édifice de notre construction intérieure, dans le sens où sans elles, la méconnaissance du monde qui nous entoure (comment fonctionne l'univers, pourquoi sommes-nous sur terre, mais plus prosaïquement aussi, pourquoi m'arrive-t-il ceci?) ferait que nous serions paralysés par l'incompréhension, par la peur, et donc incapables de prendre des initiatives.

Nous voyons bien ici le lien entre les croyances et les stéréotypes. En fait, les sté-réotypes (et les préjugés qui vont avec) ne sont qu'une forme particulière de croyance : tous les stéréotypes sont des croyances, mais toutes les croyances ne sont pas des sté-réotypes (le stéréotype est toujours rattaché à une catégorie de personnes, tandis que la croyance s'applique à tous les domaines de la pensée). Comme toute croyance, le sté-réotype s'applique à simplifier une réalité trop complexe et, par conséquent, à ériger et justifier des différences, comme nous l'avons vu dans le chapitre précédent : il a un rôle de renforcement et de maintien des pratiques sociales, fussent-elles injustes.

Les croyances guident nos actes

En donnant du sens au monde qui nous entoure et aux événements qui nous arrivent, nos croyances nous permettent de faire des choix, d'agir. Nombre de nos décisions, ou de nos réactions, reposent sur des croyances.

Par exemple, quand dans notre travail ou notre vie privée, nous acceptons de faire des choses sans en avoir envie, ou parfois sans en avoir la possibilité (nous acceptons, par exemple un travail supplémentaire demandé par notre chef alors que nous n'en avons matériellement pas le temps), nous agissons selon la croyance que si nous refusons, nous serons en difficulté : notre chef va nous sanctionner, nous allons décevoir nos amis qui nous aimeront moins, etc. Cette croyance peut être le résultat d'une expérience passée où une personne a violemment réagi à notre refus. Ou elle peut aussi bien être ancrée en nous sans que nous en connaissions l'origine.

Récemment, nous avons accompagné les salariés de plusieurs unités d'une grande entreprise installée dans tout le pays, et dont le siège se trouve à Paris. La demande initiale était « d'accompagner le changement » ; en l'occurrence, un transfert de site installé dans un coin de montagne des Alpes, vers un site plus gros installé quelques kilomètres plus loin, dans la vallée, dans une ville assez importante. Pour le siège de Paris qui était à l'origine de ce projet, il s'agissait d'un simple transfert sans réduction des effectifs, ni modification des postes de travail.

Pour les salariés de l'unité de montagne, le changement de site signifiait une augmentation de trajet de trois quarts d'heure matin et soir, soit une heure et demie par jour. En effet, bien que le site de la vallée soit proche en nombre de kilomètres, la route qui y mène reste une route de montagne. Pour ces personnes, habituées à venir travailler à pied depuis chez elles, ce changement constituait un véritable bouleversement dans leur mode de vie.

Pour les salariés de l'unité de montagne encore, le fait de descendre dans la vallée était aussi une source d'inquiétude, l'autre site étant constitué de beaucoup de jeunes salariés qui n'allaient pas manquer de remettre en cause leur façon de travailler.

Pour les salariés du site de la vallée, l'inquiétude était bien présente aussi : comment allaient-ils travailler avec ces personnes, plutôt plus âgées, et surtout avec une mentalité rurale propre aux habitants de la montagne ?

Dans cet exemple, on peut relever au moins trois grands types de croyances, qui ont compliqué la mise en œuvre de ce transfert :

– Les stéréotypes liés aux jeunes et aux seniors et à l'idée, *a priori*, que leurs modes de travail diffèrent fondamentalement.

– Les stéréotypes liés à l'opposition ville-campagne : la modernité étant toujours envisagée du côté de la ville.

– Les croyances des salariés du siège de Paris. En effet, ce projet a été conçu depuis le siège, sans déplacement préalable sur les sites, mais avec consultation de «Google Map», qui a confirmé que seuls quelques kilomètres séparaient les deux sites visés. Vu de Paris, quelques kilomètres, ce n'est rien. On peut sans doute y déceler la dichotomie Paris-province, qui renvoie à la croyance selon laquelle, comparée à Paris, toute la province est globalement homogène. Une autre croyance est révélée par le fait que l'augmentation d'une heure et demie de trajet par jour pour les salariés de la montagne n'a pas été considérée comme un problème sérieux par les salariés du siège à Paris. À Paris, trois quarts d'heure de trajet matin et soir, c'est la norme. Et la croyance qui est sous-jacente est la suivante «Ce qui est valable pour moi est valable pour les autres.»

Nous pouvons supposer que si cette entreprise nous avait consultés en amont du projet, et pas seulement quand les problèmes sont survenus, nous aurions pu travailler en premier lieu sur les croyances des salariés du siège à Paris. Peut-être le projet aurait-il été conduit d'une façon différente par la suite. Quant aux stéréotypes jeunes-seniors, ville-campagne, Paris-province, ce sont des croyances récurrentes dont la prise en compte est inévitable à un moment donné du projet.

Les différents types de croyances

Nous pouvons distinguer deux grandes familles de croyances : les croyances externes et les croyances internes.

Les croyances externes

Les croyances externes sont celles dont nous héritons, par nos parents, par l'école, par la société dans laquelle nous vivons et la culture qui en émane. Ces croyances nous sont inculquées lors de notre éducation et nous sont présentées comme des vérités, comme la norme. Il peut en être ainsi par exemple des croyances religieuses, qui sont souvent transmises comme une évidence, ou encore des sociétés dont le système d'organisation est lui-même fondé sur le principe religieux.

Un autre exemple peut être « le mythe du self-made-man » aux États-Unis. Il s'agit d'une croyance culturelle selon laquelle chacun peut prendre sa vie en main et réussir (dans le sens d'une réussite matérielle), quel que soit le milieu dont il est issu. Ce rêve américain de l'ascension sociale est né en même temps que l'esprit pionnier des premiers immigrants et a été nourri par quelques exemples retentissants d'enrichissement spectaculaire comme celui de Rockefeller, ou plus récemment de Mark Zuckerberg, le créateur de Facebook. Même si cette croyance est mise à mal par la réalité des inégalités du pays et est appelée « mythe » par les Américains eux-mêmes, elle se traduit néanmoins de différentes façons dans le système économique et social du pays (beaucoup plus marqué par les notions de mérite et de prise de risque que le système français, par exemple) et participe dans tous les cas à l'identité culturelle du pays.

Les croyances externes contribuent ainsi à la constitution de notre fonds culturel commun, un socle partagé avec les membres des catégories sociales auxquelles nous appartenons. Ainsi sommes-nous porteurs de croyances envers d'autres catégories sociales, et le fait de posséder ces croyances est aussi un marqueur de notre appartenance à certaines catégories sociales.

Les croyances externes sont un élément important de ce qui fait une culture de groupe. En prendre conscience n'est pas évident car cela implique un décentrage suffisant pour prendre conscience de l'existence d'autres référentiels de pensées et donc prendre conscience que ce que l'on considère comme normal est en fait une croyance.

Les croyances internes

Les croyances internes sont celles que nous nous forgeons nous-mêmes, en tant qu'individu, à partir de notre propre expérience et par extrapolation. Il s'agit de la généralisation d'événements ponctuels ou répétés. Cette généralisation, exactement comme la formation des stéréotypes, est un processus cognitif inconscient nous permettant de tirer des enseignements du passé pour mieux réagir dans le futur.

Nos croyances internes peuvent être de toute nature :
– À chaque fois que j'ai réussi un examen, j'utilisais mon stylo-plume. C'est lui qui me porte chance.
– Je ne suis pas capable d'animer une réunion.
– Cette personne ne m'apprécie pas car je ne la vois jamais me sourire.

Les croyances internes font l'objet de toutes les attentions dans le coaching individuel, car elles mettent souvent en lumière les limites que les personnes se mettent, sans en avoir conscience, et qui peuvent les entraver dans leur travail comme dans leur vie privée.

Dans le cas d'accompagnements de groupes, et notamment d'équipes travaillant dans un contexte multiculturel, ce sont majoritairement les croyances externes qui vont nous occuper, car les stéréotypes et préjugés sont bien souvent des héritages culturels plus qu'autre chose. Néanmoins, la prise en compte des individus et des croyances internes dont ils peuvent être porteurs n'est pas à négliger, ce qui nous amènera d'ailleurs à toujours travailler sur les deux niveaux individuel et collectif dans nos accompagnements d'équipes multiculturelles.

Croyances limitantes ou aidantes

Les croyances sont-elles à bannir? Doit-on toujours chercher la vérité plutôt que la croyance? Peut-être, si la vérité existe ou est démontrable. Mais dans tous les autres cas, c'est-à-dire la majorité, la seule question à se poser concernant une croyance est la suivante : est-elle aidante ou limitante?

Est-ce pertinent de penser que je dois utiliser mon stylo-plume à tous mes examens, alors que ceci ressemble fort à une superstition? Pourquoi pas, si cela me permet d'avoir confiance en moi et donc m'aide à réussir.

En revanche, croire que le fait que mon examen tombe sur un vendredi 13 est un mauvais présage est à l'évidence une croyance limitante. Il vaut donc mieux me débarrasser de cette croyance.

Dans un autre domaine, je peux avoir la croyance selon laquelle « il faut agir pour trouver des solutions ». Cette croyance peut m'être utile dans bien des cas, car elle me poussera à prendre les choses en main, à ne pas me laisser décourager par une situation difficile. Mais en d'autres circonstances, elle peut m'amener à ressentir un fort sentiment d'impuissance et de dévalorisation si je ne suis pas en situation de pouvoir agir.

À l'inverse, si j'ai la croyance selon laquelle « il ne sert à rien d'agir car les événements sont inscrits dans le destin », je vivrai peut-être mieux beaucoup de situations sur lesquelles je n'ai pas le pouvoir d'agir, mais d'un autre côté, je passerai probablement à côté d'opportunités, du fait de mon manque d'initiative.

Il n'y a donc pas de jugement à porter, *a priori*, sur une croyance. Une croyance est bonne tant qu'elle aide une personne à se réaliser... et tant qu'elle n'est pas nuisible aux autres! En effet, que penser des croyances qui amenaient certains peuples précolombiens à organiser des sacrifices humains afin d'assurer le retour du soleil au solstice d'hiver?

Croyances limitantes au sein des équipes multiculturelles

Dans le cas de figure qui nous intéresse ici, c'est-à-dire l'accompagnement des équipes multiculturelles, toutes les croyances, et pour être plus précis tous les stéréotypes qui posent une limite sur les capacités d'autrui, sont des croyances limitantes pour le groupe. Par exemple, dans une équipe réunissant des jeunes et des seniors, tous les stéréotypes que peuvent posséder individuellement ou collectivement les jeunes à propos des seniors (rétifs au changement, routiniers…) et tous les stéréotypes que peuvent posséder individuellement ou collectivement les seniors sur les jeunes (peu impliqués, peu respectueux…), sont des croyances limitantes pour le groupe. En revanche pour les individus, ces croyances peuvent être aidantes (je suis jeune donc je suis plus dynamique, ou je suis âgé, donc je sais mieux que les autres).

Il convient donc bien, ici, de faire le distinguo entre l'individu et le groupe. Une croyance peut être aidante pour l'individu mais nuire gravement au bon fonctionnement du groupe. En tant que coach ou manager de ce groupe, il sera utile de ramollir ces croyances limitantes et de les remplacer par des croyances aidantes pour le groupe, tout en assurant la sécurité individuelle de chacun des membres, celle-ci étant une condition *sine qua non* du bon fonctionnement d'un groupe.

C'est donc un ballet complexe que le coach devra exécuter quand il accompagnera une équipe multiculturelle, jonglant en permanence entre le niveau individuel et le niveau collectif.

Les croyances piliers

Internes ou externes, les croyances peuvent, par ailleurs, se révéler à plusieurs niveaux. Nous pouvons distinguer, là encore, deux grandes catégories de croyances : celles qui concernent l'identité de la personne, qui sont les croyances piliers ou croyances centrales, et les autres, que l'on peut qualifier de croyances superficielles (dans le sens où elles ne participent pas de l'identité de la personne).

68

En effet, je peux bien croire que le vendredi 13 porte chance ou malchance, ceci ne concerne pas « qui je suis », même si cela peut avoir un impact sur mes actes (me pousser à jouer au loto…). De même, je peux croire que le Japon se trouve dans l'hémisphère Sud, mais le jour où quelqu'un me montrera une carte me montrant que le Japon se trouve en réalité dans l'hémisphère Nord, je vais remplacer mon ancienne croyance sans que ceci ne me remette en question personnellement.

En revanche, il existe des croyances fondamentales dans la construction de l'identité personnelle. Ainsi en est-il quand nous sommes enfants et que nous croyons, sans l'avoir vérifié, que nos parents sont nos parents biologiques.

Une autre croyance très structurante pour l'identité, mais dans laquelle on trouvera beaucoup de variations, concerne les différences entre les genres masculin et féminin. La société est structurée selon cette croyance, qui se traduit de façon extrêmement concrète dans tous les domaines (métiers traditionnellement masculins ou féminins, répartition des tâches domestiques, occupation du pouvoir politique, etc.). Garçons et filles se construisent autour de cette croyance véhiculée dans la société.

En tant que piliers de notre édifice intérieur, les croyances centrales sont presque inamovibles : tout mouvement, tout déplacement de ces piliers doit être accompagné d'une refondation totale de l'édifice, sans quoi c'est l'effondrement. Prenez une table à quatre pieds. Retirez-lui un pied : la table devient beaucoup moins stable. Il faudra alors déplacer au moins l'un des pieds pour conserver l'équilibre. Il en est de même pour les piliers que sont les croyances.

Dans certains cas de figure, le fait de casser une croyance peut avoir un effet désastreux chez un individu. Ce peut être le cas par exemple des personnes qui, sur le tard, apprennent que leurs parents ne sont pas leurs géniteurs et qu'elles sont des enfants adoptés. Il s'agit là de la remise en cause d'une croyance sur laquelle l'individu s'est construit tout au long de sa vie : il a fait siennes l'histoire familiale, l'origine de sa naissance telle qu'elle lui a été racontée par ses parents, etc. Autant d'éléments fondateurs pour son identité. La destruction de cette croyance remet en cause les fondations identitaires de la personne, qui ne sait alors plus, sur le moment, « qui elle est ».

Remettre en question, chez une femme ayant consacré sa vie à ses enfants, la croyance selon laquelle l'épanouissement des femmes dépend avant tout de sa vie de famille peut être également très destructeur puisque cela met en doute la pertinence de ses choix passés, sans lui laisser de meilleure perspective pour l'avenir.

C'est pourquoi il est important d'éviter d'ébranler les croyances piliers d'une personne.

Il peut en effet exister des cas de figure où une croyance pilier s'avère nocive pour l'individu et où celui-ci souhaite la dépasser. Ainsi en serait-il pour une femme persuadée que la vie n'a de sens que si elle a des enfants et qui serait stérile. Balayer cette croyance serait alors envisageable si la personne en est d'accord.

Dans tous les cas, toute croyance pilier balayée doit être remplacée par une autre croyance aidante (ou par une certitude, dans le cas où il s'agirait de quelque chose de vérifié), ou alors impliquer une nouvelle distribution des croyances déjà existantes pour que la personne conserve son équilibre intérieur, l'essentiel étant que l'individu conserve suffisamment de croyances aidantes ou de certitudes pour tenir debout.

S'accrocher à ses croyances pour éviter toute remise en cause

Remettre en cause nos croyances, comme nous venons de le voir, peut être très perturbateur pour l'individu, surtout quand il s'agit de croyances fondatrices de son identité.

Il n'est pas étonnant, par conséquent, d'observer que nous mettons tout en œuvre pour conserver nos croyances centrales et les faire bouger le moins possible. En effet, tous autant que nous sommes, nous nous accrochons à nos croyances comme à des bouées dans l'eau, sans que ceci soit forcément conscient par ailleurs.

Cette manœuvre peut prendre plusieurs formes :
– La distorsion : nous transformons ou analysons la réalité que nous voyons ou vivons pour la faire coller à notre croyance. C'est le phénomène qui se produit dans l'expé-

rience que nous décrivions précédemment avec la vidéo muette montrant deux femmes qui discutent : si l'on croit que c'est la femme de gauche qui a des problèmes, on va lui trouver un air triste, fatigué. Si l'on croit au contraire que c'est la femme de droite qui a des problèmes, c'est à celle-ci que nous allons trouver l'air fatigué, et nous verrons au contraire du dynamisme et de l'encouragement sur le visage de celle que l'on prendra pour sa conseillère. La distorsion est probablement le phénomène le plus puissant et le plus difficile à éviter dans le cas qui nous intéresse, c'est-à-dire la lutte contre les stéréotypes qui entravent le travail en équipe multiculturelle.

– La sélection : nous ignorons tout simplement un événement ou une réalité qui ne cadre pas avec notre croyance.
– L'adoption du principe de l'exception : face à une situation qui ne cadre pas avec sa croyance, nous cataloguons cette situation dans la rubrique « exception qui confirme la règle ».
– Le déni : face à l'évidence, à une preuve, on préfère être dans le déni « ce n'est pas vrai » plutôt que de remettre en cause sa croyance. C'est le cas par exemple des créationnistes, qui croient que l'être humain est issu d'Adam et Ève, selon la cosmogonie de l'Ancien Testament, et revendiquent l'apprentissage à l'école de ce mythe cosmogonique au même titre que l'évolutionnisme de Darwin. La grande différence est que le darwinisme n'est pas une croyance, mais une théorie, validée par des observations et des expériences.

Le déni, bien que flagrant, est beaucoup plus présent qu'on ne le croit, dans bien des situations. Et derrière les boutades, le rire et l'humour, se cache souvent le refus d'admettre une réalité qui remettrait trop de choses en cause.

L'effet Pygmalion

L'effet Pygmalion est un phénomène particulièrement captivant qui concerne l'impact de nos croyances sur nos actes, mais aussi, l'impact de nos actes sur la personne qui en est destinataire.

L'effet Pygmalion vient d'une étude menée dans les années 60 par Robert Rosenthal, un psychologue américain professeur à l'université de Californie à Riverside. Il a démontré, d'abord en laboratoire puis dans le milieu scolaire, l'impact des préjugés et des attentes vis-à-vis d'une personne sur les performances réelles de cette personne. Dans son expérience menée en milieu scolaire, seuls les préjugés positifs des professeurs ont été pris en compte, pour des raisons d'éthique.

L'expérience montre que lorsqu'un enseignant croit, à tort ou à raison, qu'un élève est doué et a de grandes capacités, il va développer des attentes fortes qui, à leur tour, vont engendrer un comportement particulier (de l'empathie, du soutien et de l'incitation vis-à-vis de cet élève, etc.), ce qui va, au final, faire effectivement progresser l'élève de telle sorte qu'il aura des résultats meilleurs que les autres, justifiant les préjugés de l'enseignant.

Dans l'expérience de Rosenthal, ces croyances vis-à-vis des élèves sont inoculées aux enseignants en leur fournissant de faux résultats à des tests d'intelligence, désignant des élèves choisis aléatoirement comme particulièrement doués. Au bout d'un an, les progrès de ces élèves, boostés par la sollicitude des enseignants, étaient notablement plus importants que ceux de leurs camarades.

Cette expérience a permis de nourrir l'idée que les résultats moins bons des élèves de classes sociales défavorisées pouvaient être influencés, non seulement par leur contexte de vie plus précaire, mais aussi peut-être par des attentes moins exigeantes des professeurs. Plus récemment, d'autres études sont venues interroger l'impact des stéréotypes de genre sur le comportement des enseignants, et par suite, sur celui des élèves filles et garçons.

Ainsi, une étude a-t-elle montré que les mêmes copies de physique, bonnes, moyennes ou faibles, étaient évaluées différemment par un panel d'enseignants, dès lors qu'elles sont attribuées à un garçon ou à une fille. Quand il s'agit d'une bonne copie, la note est plus favorable si la copie est attribuée à un garçon. Mais quand la copie est médiocre, la note est meilleure s'il s'agit d'une fille, «comme si, vu leur sexe, elles étaient "excu-sées" de ne pas réussir»[23].

À leur tour, filles et garçons intègrent les attentes qui pèsent sur eux et apprennent «à désirer ce qui les attend» (cf. «l'effet de renforcement des stéréotypes»). C'est ce que montre une étude qui indique qu'à résultats égaux, et dès le collège, les filles s'es-timent moins bonnes en mathématiques que les garçons et semblent moins apprécier cette matière. De plus, les filles s'autocensurent : ainsi quand ils se jugent très bons en mathématiques, 8 garçons sur 10 vont en filière scientifique, contre seulement 6 filles sur 10[24].

L'effet Pygmalion fait partie de ce qu'on appelle les prophéties auto-réalisatrices, dont la mythologie s'est souvent emparée comme le montre la célèbre histoire d'Œdipe, à qui l'on prédit qu'il tuera son père et épousera sa mère. Or, c'est précisément en cher-chant à conjurer cette prophétie qu'il provoque les événements et la réalise.

Cependant, on trouve des prophéties auto-réalisatrices beaucoup plus concrètes et quotidiennes : par exemple, les médias annoncent une prochaine pénurie de carburant, les automobilistes se précipitent alors pour faire des stocks d'essence et provoquent ainsi la pénurie. Ou encore, au travail, on imagine que tel collaborateur ne nous aime pas. On agit donc envers lui avec circonspection et méfiance. En retour, il manifeste à notre égard de l'indifférence ou une certaine agressivité. Nous avons donc provoqué ce que nous croyions être une réalité.

Une prophétie auto-réalisatrice se présente ainsi quand une croyance provoque des faits qui réalisent cette croyance. Les stéréotypes et préjugés, en tant que croyances que nous possédons à propos d'une catégorie sociale, ont donc toutes les chances de se confirmer à nos yeux si un processus de décentrage (dont nous parlerons plus précisé-ment dans la deuxième partie du livre) ne vient pas contrecarrer l'auto-réalisation de nos petites prophéties.

---

23. Duru-Bellat, 1995, p. 79 note de synthèse : «Filles et garçons à l'école, approches sociologiques et psycho-sociales», in *Revue française de pédagogie*. Volume 110, 1995. Filles et garçons devant l'école.
24. http://www.education.gouv.fr/cid4006/egalite-des-filles-et-des-garcons.html

En matière de relations de travail multiculturelles, les prophéties auto-réalisatrices se produisent quand des membres d'une équipe affirment, à l'avance : « Nous ne pourrons pas travailler avec eux car ce sont (au choix) des vieux, des Indiens, des femmes, des informaticiens, des artistes, etc., et ça ne fonctionnera pas car nous sommes différents », ce qui ne manque, effectivement, pas d'advenir. Et cette situation va se reproduire dans tous les cas de vie en entreprise que nous avons évoqués en début de cet ouvrage : fusion, déménagement de l'entreprise, intégration d'une personne étrangère, travail en mode projet avec d'autres services, travail avec une équipe d'un pays étranger, etc.

On peut donc en déduire qu'une des conditions *sine qua non* du travail multiculturel est la croyance dans le fait que le travail avec d'autres *est possible*, en lieu et place de la croyance selon laquelle *ce n'est pas possible*.

Dite comme cela, cette remarque résonne comme une mélodie de méthode Coué, avec le côté accessoire que cela peut inspirer. Et pourtant, la force de la croyance sur la réalité est indéniablement présente, comme le montrent les recherches sur l'effet Pygmalion (et, dans un tout autre domaine, l'effet placebo, qui n'est plus à prouver !).

Plus encore, nous affirmons que le travail essentiel du coach qui accompagne une équipe multiculturelle, ou toute équipe rencontrant des difficultés de fonctionnement, est d'obtenir des membres la croyance selon laquelle le travail ensemble est possible. Une fois cette première étape franchie, les autres obstacles se révèlent beaucoup moins hauts qu'attendu.

Pour franchir cette première étape, un long travail de décentrage et d'élimination des croyances limitantes est nécessaire. C'est ce que nous abordons dans le chapitre sur le décentrage de niveau II.

Croyances et travail multiculturel

Dans le domaine des relations multiculturelles, la tendance spontanée que nous avons tous est, comme nous l'avons vu, de nous replier sur une catégorie identitaire sécurisante et de renforcer artificiellement (mais inconsciemment) les différences qui nous séparent des autres catégories, de sorte que nous érigeons nos stéréotypes comme de grandes barrières protectrices entre nos groupes d'appartenance.

Dans le contexte de l'accompagnement des équipes multiculturelles, sont limitantes toutes les croyances qui enferment les autres dans des stéréotypes et empêchent donc de voir la réalité des personnes en face de soi, avec leurs qualités et leurs défauts réels.

L'essentiel de notre travail de coach accompagnant des équipes multiculturelles sera de faire évoluer les représentations des uns vis-à-vis des autres pour créer les conditions préalables indispensables à un travail collaboratif.

Livre II
Agir

Le décentrage de niveau I

L'histoire de l'éléphant

Pour démarrer cette deuxième partie du livre, faisons un petit détour par l'Inde et le jaïnisme qui nous proposent une histoire, celle des aveugles et de l'éléphant :

« Six hommes aveugles vivant en Inde, très enclins à parfaire leurs connaissances, allèrent voir un éléphant afin que chacun, en l'observant, puisse satisfaire sa curiosité. Le premier s'approcha de l'éléphant et, perdant pied, alla buter contre son flanc large et robuste. Il s'exclama aussitôt : "Mon Dieu ! Mais l'éléphant ressemble beaucoup à un mur !" Le second, palpant une défense, s'écria : "Ho ! Qu'est-ce que cet objet si rond, si lisse et si pointu ? Il ne fait aucun doute que cet éléphant extraordinaire ressemble beaucoup à une lance !". Le troisième s'avança vers l'éléphant et, saisissant par inadvertance la trompe qui se tortillait, s'écria sans hésitation : "Je vois que l'éléphant ressemble beaucoup à un serpent !". Le quatrième, de sa main fébrile, se mit à palper le genou. "De toute évidence, dit-il, cet animal fabuleux ressemble à un arbre !" Le cinquième le toucha par hasard à l'oreille et dit : "Même le plus aveugle des hommes peut dire à quoi ressemble le plus l'éléphant ; nul ne peut me prouver le contraire, ce magnifique éléphant ressemble à un éventail !" Le sixième commença tout juste à tâter l'animal, la queue qui se balançait lui tomba dans la main. "Je vois, dit-il, que l'éléphant ressemble beaucoup à une corde !" Ainsi, ces hommes d'Inde discutèrent longuement, chacun faisant valoir son opinion avec force et fermeté. Même si chacun avait partiellement raison, tous étaient dans l'erreur. »

Aveugles, nous le sommes tous. Ou tout au moins pouvons-nous affirmer que, sans être aveugles, nous portons tous des lunettes dont les verres nous donnent à voir une certaine forme de la réalité ; celle-ci est alors le résultat de notre propre construction culturelle.

Ces lunettes, qui créent un filtre devant nos yeux, sont en effet façonnées par notre culture, par notre place dans le monde (notre pays de naissance, notre époque, mais aussi notre statut social), par notre histoire personnelle ou encore par nos croyances. Ainsi, la perception des choses est-elle propre à chacun.

Le premier chapitre de cette partie du livre est consacré au « décentrage de niveau I », qui consiste à chausser les lunettes des autres pour apprendre à voir le monde différemment.

Se mettre à la place de l'autre

Imaginons que, dans l'histoire de l'éléphant et des aveugles, chacun prenne la place d'un autre : il prendrait alors conscience que l'autre avait également raison quand il touchait cette partie du corps. Une fois que chacun aura pris la place de tous les autres, ils auront tous la même expérience, partagée, du fait que l'éléphant possède à la fois des flancs qui ressemblent à des murs, des pattes tels des arbres, une queue telle une corde, etc. On peut même imaginer que, se concertant, ils soient capables d'élaborer ensemble une représentation assez semblable à ce qu'est l'éléphant en réalité.

En entreprise, de nombreux malentendus viennent de l'incapacité (ou de l'absence de volonté) des uns de se mettre à la place des autres, chacun défendant son propre point de vue, et *in fine*, ses propres intérêts.

Nous vous proposons ici un premier exercice à mener en équipe de travail, qui peut être utile, par exemple, quand un arbitrage doit être fait et que deux équipes n'arrivent pas à se mettre d'accord.

> ► **Protocole : si j'étais toi**
> Demander aux membres d'une équipe de réfléchir à un problème en se mettant dans la peau de leurs collègues. L'exercice peut se faire sur la base de situations totalement fictives si cela est plus simple dans un premier temps.

Une situation efficace consiste, par exemple, à imaginer une équipe municipale divisée en deux clans à propos d'un projet d'urbanisme. Chaque clan devra tour à tour défendre ou critiquer ce projet.

Jouer le jeu avec engagement, en se mettant réellement à réfléchir aux arguments pour ou contre ce projet, permet de prendre conscience que chaque point de vue comporte généralement une part de sincérité et d'intention positive.

Forts de ce constat, les membres de chaque équipe peuvent ensuite réfléchir plus sereinement à la situation qui les oppose.

Apprendre la culture de l'autre, ses codes, ses croyances

Faire l'exercice de penser, par exemple, comme un parti politique de droite ou de gauche français, quelles que soient ses convictions, est possible car nous connaissons, peu ou prou, les grandes positions de chacun. Mais la chose serait-elle aussi simple si on nous demandait de réfléchir à un projet comme si nous appartenions à tel parti politique japonais ? Certainement pas, car nous n'avons pas, *a priori*, connaissance des valeurs et idées portées par un tel parti, et ce parce que, n'habitant pas au Japon, il nous manque toutes les clés de compréhension culturelle de ce pays.

Acquérir ces clés de compréhension culturelle d'autres pays est généralement ce à quoi s'attellent les nombreuses formations concernant le management interculturel. Ces formations sont mises en place afin, par exemple, d'accompagner des collaborateurs qui partent ouvrir une succursale à l'étranger, ou lorsqu'une entreprise accueille un collaborateur étranger sur un projet donné, ou encore quand deux entités appartenant à des pays différents sont rachetées et amenées à fusionner, etc. Autant de cas de figures où l'apprentissage d'une culture nationale différente de la sienne est un passage obligé.

Il existe un grand nombre de formations spécialisées par pays et qui ont pour objectif d'apporter aux stagiaires les moyens de :
– s'approprier l'essence et les spécificités de la culture du futur pays d'accueil ;
– comparer les principales caractéristiques culturelles de la France et du pays d'accueil ;
– classifier les principaux points de divergence entre la culture d'entreprise en France et celle de l'entreprise à l'étranger ;
– identifier les cartes managériales par pays et appartenance aux cultures d'origine, etc.

Il existe aussi des formations destinées à acquérir des clés de compréhension du fonctionnement de catégories, telles que la génération Y…

Nous n'entrons pas plus dans le détail de ces formations qui sont amplement développées ailleurs. L'intérêt principal de ces approches, qui consistent à acquérir les grandes lignes des codes d'une autre culture, est qu'elles permettent de prendre conscience de l'existence de référentiels différents du nôtre. En effet, pour réussir à se mettre à la place de l'autre, encore faut-il admettre l'existence de « places » différentes.

Cependant, il ne nous semble pas utile, ni pour les membres d'une équipe multiculturelle, ni pour le coach qui les accompagne, de connaître sur le bout des doigts les caractéristiques culturelles de chaque catégorie d'individus. Le plus efficace et le plus pertinent est de faire parler les personnes elles-mêmes, car ce faisant, elles révéleront non seulement des éléments concernant leur propre groupe culturel, mais surtout, elles parleront d'elles-mêmes. Et n'oublions pas que toute équipe est avant tout composée d'individualités distinctes.

Pour nous, le travail essentiel, et non des moindres, va être d'amener les personnes à *expliciter* ce qui est important pour elles.

Découvrir les véritables intentions par l'explicitation

L'explicitation est l'étape cruciale dans le travail multiculturel, la culture crée les normes admises par tout le monde permettant de se comprendre sans parler. Or, quand plusieurs cultures se côtoient, les normes s'affrontent et les incompréhensions apparaissent.

Nous mentionnions tout à l'heure le fait que la confiance est l'ingrédient essentiel du travail en équipe, et qu'une grande part de la confiance accordée aux autres vient du fait que ces derniers respectent ce que nous pensons être en droit d'attendre d'eux. Mais ces attentes sont-elles toujours bien claires ? Sont-elles exprimées de façon explicite ? C'est rare, car l'être humain a l'habitude de fonctionner avec son propre référentiel de codes et de valeurs et n'admet pas spontanément que ce qui est évident et normal pour lui ne l'est pas pour les autres. Or, pour réussir à travailler avec d'autres personnes, il est essentiel de leur faire comprendre ce qui est important pour soi, comment on agit dans telle ou telle situation et ce qui nous semble normal, et comprendre ce qui est important pour elles, comment elles agissent dans telle ou telle situation et ce qui leur paraît normal.

Expliciter quelque chose signifie, d'après le *Larousse*, « énoncer complètement et clairement cette chose, de sorte qu'aucune contestation soit possible, et sans laisser place à l'ambiguïté ». C'est bien cette notion d'interprétation, d'ambiguïté, qui nous intéresse et qu'il faut combattre.

Pour bien comprendre cette idée, nous vous invitons à vous poser la question suivante : comment souhaitez-vous qu'un manager se comporte avec vous ?

Nous avons déjà posé cette question à de nombreuses reprises en entreprise, et il est intéressant de constater la variété des réponses données. Elles montrent des visions différentes et propres à chacun de ce que peut être un « bon » manager et révèlent, cachées derrière, des visions différentes et apparemment contradictoires de l'organisation et des valeurs sous-jacentes. Les réponses à cette question *explicitent* les notions que chacun pourrait mettre derrière l'idée du « bon » manager. Un commercial nouvellement en poste pourra, par exemple, exprimer son souhait d'être accompagné par son manager à ses premiers rendez-vous clients pour avoir un retour d'expérience et repérer ses axes d'amélioration. Un autre commercial pourra, au contraire, voir dans le fait que son manager l'accompagne dans ses premiers rendez-vous un manque de confiance et une volonté de contrôler ses méthodes. Si un manager se situe dans la première optique (il pense qu'il est de sa responsabilité d'accompagner le commercial pour l'aider dans sa prise de poste) alors que le collaborateur se situe dans la deuxième optique, et que ni l'un ni l'autre n'exprime l'intention cachée qui le motive à adopter telle ou telle optique, la relation risque vite de devenir tendue.

Pourtant, au fond, chacun croit bien faire. C'est pourquoi il est impératif, à un moment donné, d'expliciter l'intention, le sens ou la valeur cachés derrière un acte ou une parole. Une fois repéré, il est toujours possible de trouver un terrain d'entente (pour peu que les différentes parties le souhaitent vraiment) et d'inventer des modes d'interaction qui conviennent à tout le monde.

Grâce au travail sur l'interculturalité, nous pouvons ainsi découvrir qu'il y a de multiples façons de concourir à la même finalité. L'objectif sera ensuite de trouver, avec les autres, des modes d'interaction qui répondront collectivement à nos besoins individuels.

Nous vous proposons ici un protocole essentiel dans l'accompagnement des équipes multiculturelles. Il vise à faire expliciter, par chaque membre d'une équipe, son positionnement par rapport à une dimension de fonctionnement de l'entreprise. Quand nous parlons de «positionnement», nous entendons parler de ce qui est important pour la personne, ce qui lui semble normal de faire dans telle situation. Les «dimensions» peuvent concerner des règles organisationnelles (respecter certaines procédures), des règles relationnelles (comment communiquer, s'adresser aux autres), des relations hiérarchiques, des méthodes de travail, etc.

Il nous semble utile, à cet égard, de s'appuyer sur les travaux existants et, pourquoi pas, sur les grands axes culturels proposés par Fons Trompenaars, très bonne base de travail. Cependant, en la matière, la créativité et l'adaptation à la situation de l'entreprise sont les bienvenues, et les dimensions étudiées pourront être différentes en fonction du contexte.

► **Protocole : la carte managériale individuelle**

La carte managériale est une représentation individuelle des dimensions concernant les caractéristiques culturelles, telles que Trompenaars, par exemple, les a proposées. Il s'agit d'identifier quel est son propre mode de fonctionnement concernant des grands principes managériaux.

En fonction du nombre d'axes choisis, le temps de réflexion individuel peut varier de 20 à 45 minutes. Chaque personne réfléchit individuellement aux questions telles que : Qu'est-ce que j'attends de mon manager ? Dans quelle place ou rôle me sentirai-je bien en entreprise ? Quels signes de reconnaissance me faut-il pour me sentir en confiance ? Etc. Les productions sont ensuite mises en commun. La suite de l'accompagnement consiste alors à voir comment créer une carte managériale de l'équipe qui convienne à tout le monde.

Nous vous invitons à être vigilants à la façon dont les questions sont formulées ! Poser les questions directement sur ce que les personnes aiment ou souhaitent permet d'avoir des réponses plus sincères et moins stéréotypées que de demander, par exemple, « qu'est-ce qu'un bon manager ? ». Une telle formulation aura plus de risques d'aboutir à des réponses consensuelles, telles que la personne s'imagine qu'on les attend. De même, ne pas demander « comment se situent les relations hiérarchiques dans votre pays », la personne risquant de chercher les réponses attendues sur la question. Il est important de toujours se focaliser sur la personne et sa subjectivité. Il ne sera pas demandé aux personnes de se justifier (pourquoi je préfère faire ceci plutôt que cela), mais simplement d'expliquer en donnant un exemple concret pour chaque axe considéré. Les cartes managériales individuelles doivent rapidement permettre de mettre en évidence des différences d'attentes entre les membres de l'équipe. Aucun jugement ne doit être porté.

Ce protocole est particulièrement pertinent pour les équipes composées de membres de plusieurs nationalités. Il est, en effet, probable que dans le cadre de formations, ces personnes aient justement pris connaissance de la carte managériale de tel ou tel pays. Cet exercice les amènera alors à considérer les choses d'un autre point de vue, plus individuel et non par catégorie de personnes.

Cet exercice est également extrêmement efficace dans toute situation où des divergences de points de vue apparaissent quant au mode de fonctionnement de l'entreprise, que l'on soit dans un contexte plurinational ou pas.

L'explicitation s'avère utile aussi lorsqu'il n'y a pas de grandes différences culturelles. Comme nous nous attachons à le préciser tout au long de cet ouvrage, la dimension interculturelle ne se produit pas uniquement en présence de personnes de différentes nationalités. Au contraire, le quotidien nous fournit en permanence des situations d'incompréhension entre les gens, qui sont aussi des problématiques multiculturelles.

En effet, si l'on admet facilement que lorsqu'une entreprise américaine rachète une entreprise française (ou l'inverse), des problèmes liés aux différentes approches culturelles vont se produire, on a plus de mal à penser que c'est le cas également quand deux entités différentes sont réunies, même si elles sont *a priori* « issues du même moule ».

Il suffit pour cela d'interroger les nombreux fonctionnaires d'État qui, après les différentes réformes de la fonction publique, se sont vus rattachés à des collectivités territoriales. Certains d'entre eux vivent mal ce changement de statut qui modifie profondément le sens de leur mission. Ils sont toujours fonctionnaires, certes, et si vous interrogez des personnes dans la rue qui ne connaissent pas spécialement le fonctionnement de l'administration publique en France, un fonctionnaire est un fonctionnaire, point. Pour ces derniers en revanche, faire partie de la fonction publique d'État ou territoriale n'a pas du tout le même sens, car la notion de territoire est très prégnante : on peut résumer cela en disant que le fonctionnaire d'État travaille pour la Nation ; il peut d'ailleurs être amené à déménager de nombreuses fois au cours de sa carrière. Le fonctionnaire territorial travaille pour une région, un département ou encore une commune, en fonction de la collectivité concernée. Autre territoire, autres enjeux, autres problématiques. Si son métier est le même, le sens et la portée de sa fonction peuvent être impactés pour la personne – nous pensons par exemple aux agents techniques dans les collèges et lycées qui ne sont maintenant plus employés par l'État mais par la collectivité locale. Bien que le quotidien professionnel de leur travail n'ait pas vraiment changé, le sentiment de ne plus agir au nom du service public d'État a été, pour certains, source de grand mal-être.

Ignorer les différences de cultures entre les organisations de travail, ou ignorer l'impact que cela peut avoir sur les personnes, même quand leur quotidien professionnel n'est pas vraiment affecté, peut être une erreur importante, à l'origine de souffrances au travail et de risques psychosociaux.

Prenons maintenant un exemple encore plus spécifique, dans lequel les différences culturelles – ou devrions-nous dire, pour être plus juste, les différences interpersonnelles – sont encore plus ténues : nous avons récemment accompagné une petite entreprise dans la redéfinition des missions de chacun. Les fiches de postes n'étaient pas réalisées, ou incomplètes, et un certain flou régnait sur qui faisait quoi et à quel moment. À l'occasion de ce travail, de vifs débats ont été engagés entre les membres de la direction (une dizaine de personnes) pour savoir ce que chacun entendait par les termes de «compétences», de «savoir-faire, savoir-être», etc. Chacun avait sa propre vision des choses et ce fut l'occasion pour ces personnes de prendre conscience de leurs divergences de points de vue, alors que chacun était persuadé que les autres pensaient de la même façon que lui.

Quand on vit et qu'on travaille ensemble, on croit facilement partager les mêmes références que les autres, et on ne fait pas l'effort de les expliciter, ni de se mettre d'accord sur les termes et les significations.

L'explicitation, le fait de partager un sens commun au sujet de son environnement de travail, est l'une des clés fondamentales du travail en équipe multiculturelle.

S'intéresser aux individus avant de s'interroger sur les catégories auxquelles ils appartiennent

Comme nous l'avons vu en première partie de ce livre, plus nous avons une connaissance précise d'un groupe donné, plus nous sommes forcés d'admettre que les individus qui composent ce groupe sont différents les uns des autres, et plus nous réussirons, ainsi, à casser les stéréotypes que nous avions sur ce groupe.

Dit autrement, cela signifie que plus nous connaissons une personne, moins nous avons de préjugés sur elle. Traduit concrètement dans les faits, cela implique pour une entreprise de favoriser, autant que possible, la connaissance mutuelle des salariés.

Cela paraît d'une évidence simpliste, et pourtant... Quand vous interrogez des salariés en entreprise, un des discours le plus souvent entendu est le suivant : « Les salariés de tel service ? On ne sait même pas ce qu'ils font ! »

Le fait de méconnaître ses collègues, et surtout leur mission, est une plainte très couramment formulée. C'est pourquoi les entreprises ont tout à gagner à créer des temps de rencontre, des séminaires, mais aussi des lettres internes, des documents de communication permettant aux salariés de se connaître entre eux.

Les activités en dehors de l'entreprise, de type « team building », permettent également aux personnes, en sortant de leur cadre habituel de travail, de voir les choses différemment, et de considérer leurs collègues d'une nouvelle façon. Des conflits cristallisés entre des personnes ou des services peuvent favorablement évoluer dans un cadre différent (même si le changement de cadre n'est, à lui seul, pas suffisant). Créer une distance physique lors d'une situation conflictuelle permet souvent de prendre aussi une distance symbolique, et, à l'instar de l'histoire de l'éléphant, changer de place permet souvent de changer de point de vue.

Enfin, un autre intérêt, et non des moindres, de mettre les salariés en présence est de permettre aux individus de se connaître réellement, en tant que personnes et non plus en tant que détenteurs de telle fonction dans l'entreprise, ou membres de tel service ou de tel groupe.

Il existe de nombreuses façons originales de permettre aux membres d'une équipe de faire connaissance. L'idée directrice est que chacun doit pouvoir faire valoir son individualité propre, avant d'être identifié comme membre d'une catégorie sociale ou d'un service de l'entreprise. Cette démarche est valable y compris quand on accompagne une équipe composée de personnes de nationalités différentes, où l'on pourrait être tenté, afin de faire connaissance, de demander à chacun de présenter les caractéristiques de sa culture (ce qu'il est préférable d'éviter, surtout au départ).

Nous vous proposons ici plusieurs protocoles qui ont l'intérêt de mettre en avant la personne et sa subjectivité, tout en permettant, éventuellement, une prise de conscience des idées préconçues qu'on peut avoir sur les autres.

▶ **Protocole : le panthéon personnel**

Dans l'Antiquité, les Grecs et les Romains honoraient leurs dieux dans des temples. Le panthéon était le temple de tous les dieux. Aujourd'hui, le panthéon est le lieu où sont rendus les hommages aux personnages importants d'un pays.

Dans ce protocole, nous invitons les membres de l'équipe à parler de leur panthéon personnel, en parlant de 3 ou 4 personnages qui ont compté dans leur vie en contribuant, d'une façon ou d'une autre, à faire d'eux ce qu'ils sont devenus. Les personnages peuvent être réels ou imaginaires. Plutôt que des personnages, on peut aussi demander aux membres de l'équipe de relater 3 moments de vie qui les racontent.

▶ **Protocole : le panthéon de l'équipe**

Ce travail peut se faire aussi au niveau de l'équipe pour raconter une histoire et une identité commune. Dans ce cas, on s'intéressera à des « moments clés » plutôt qu'à des personnages. Si l'équipe est nouvelle et n'a pas encore d'histoire commune, il est possible de travailler sur le panthéon idéal, en invitant les membres de l'équipe à réfléchir aux moments clés à vivre dans le futur.

▶ **Protocole : le portrait chinois**

Le portrait chinois permet de proposer une projection de soi-même en recourant à l'imaginaire et au symbolique. On demande à chacun de se présenter sous forme de « et si vous étiez… : un objet, un personnage, un animal, un végétal, une source de lumière, un style de musique, un objet, un livre, un film, une couleur, un moyen de locomotion, etc. ». L'exercice peut être proposé tel quel afin que chacun se présente en début de séance ou au début de la vie d'une équipe, ou il peut être utilisé aussi en relation avec une situation donnée. Par exemple, une situation qui aurait été problématique ou conflictuelle pour l'équipe. Dans ce cas, la projection symbolique permet de prendre de la distance et de chercher des solutions de façon plus créative.

▶ **Variante 1 : le portrait chinois croisé**

Dans la variante de ce protocole, chacun est chargé de faire une présentation en portrait chinois d'un de ses collègues et d'expliquer ses choix. La bienveillance est une règle de départ ! L'exercice peut permettre de faire émerger des divergences entre ce que l'on pense dégager et ce que les autres voient de nous. Si des divergences marquées apparaissent ou révèlent des situations de tension, cela servira de matière au coach pour poursuivre son accompagnement.

▶ **Variante 2 : le portrait chinois croisé avant-après**

L'exercice peut aussi être utilisé comme moyen d'évaluation d'un changement au sein de l'équipe, notamment dans le contexte qui nous intéresse, de travail avec des équipes multiculturelles. Une des questions posées par le coach peut ainsi être : comment l'image que vous avez des autres a-t-elle évolué entre le début de la rencontre et maintenant ?

Apprendre la culture de l'autre : oui mais pas trop !

La phase d'apprentissage de la culture, des codes et des spécificités de l'autre est nécessaire. Elle comporte néanmoins d'autres pièges qu'il faut savoir éviter pour ne pas provoquer l'effet inverse à celui recherché. Une erreur est, en effet, de penser que tout groupe ou toute catégorie de personnes possède une sous-culture («sous» dans le sens de inclus au sein d'une culture plus vaste), ou tout au moins des références communes. C'est ce que nous évoquions dans la première partie de ce livre au sujet de la formation des grands stéréotypes.

Pour qu'une culture se crée, il faut que les membres d'un groupe soient amenés à se fréquenter de façon suffisamment protégée d'autres groupes pour développer leurs propres codes, langages, croyances, valeurs et méthodes. C'est, bien sûr, le cas des pays qui, malgré la mondialisation, possèdent une histoire qui leur est propre, une langue, des coutumes : tout un ensemble de particularités qui constituent leur culture. C'est aussi le cas des entreprises, qui développent leur propre vocabulaire, leurs méthodes de travail et possèdent des valeurs spécifiques qui sont censées fédérer les salariés. On peut aussi, au sein d'une entreprise, repérer des «différences culturelles» entre des services qui fonctionnent de façon assez cloisonnée.

En revanche, il est beaucoup plus suspect de s'interroger sur les spécificités de groupes créés de façon théorique, comme le groupe des hommes, celui des femmes, des jeunes, des seniors, etc. On ne s'interroge plus, alors, sur les caractéristiques d'une culture qui, par définition, est socialement construite, mais sur des différences qui existeraient «par nature» dans l'essence des personnes.

Prétendre que les hommes et les femmes sont, par essence, de caractère différent est une idéologie que nous ne partageons pas et qui nous paraît dangereuse. Nous ne contestons évidemment pas les différences biologiques entre les sexes, mais celles-ci ne justifient ni n'expliquent la séparation et la hiérarchisation des rôles sociaux impartis aux hommes et aux femmes. Expliquer les différences et les inégalités par des différences naturelles est une façon de légitimer ces inégalités, comme nous l'expliquions dans la première partie.

Il est impératif, quand on travaille sur l'interculturalité, la diversité et les différences, de ne pas mélanger nature et culture. Construite socialement, la culture est vivante, dynamique et adaptable. C'est ce qui nous permet d'apprendre à connaître l'autre et à se laisser connaître par lui.

Enfin, le risque essentiel quand on cherche à connaître, identifier, classer et schématiser les différences des autres, c'est de construire ou de renforcer de grands stéréotypes. Cela est surtout vrai quand on raisonne en termes de groupes ou de catégories de personnes. Au lieu de mettre en valeur la diversité et la nuance, il existe un risque de forcer le trait des différences, de ne mettre en valeur que ce qui distingue les uns des autres et de créer des caricatures.

C'est pourquoi s'intéresser d'abord à la personne dans son individualité et son unicité est primordial, sans se focaliser sur l'apprentissage de sa culture. Le décentrage de niveau I nous permet de prendre conscience du fait que notre référentiel de pensée n'est pas unique, et que c'en est un parmi d'autres. C'est une phase utile et nécessaire. Fonder les rapports sociaux en pointant ce qui différencie plutôt que ce qui rapproche comporte toujours le risque d'exagérer ces différences, de les rendre insurmontables, de les caricaturer, et surtout de les figer.

Même quand on apprend à connaître l'autre, que l'on cherche à le reconnaître dans son altérité, à accepter sa différence, recherchons dans le même mouvement ce qui nous rapproche de lui, ce qui fait qu'il est, malgré tout, semblable à soi-même.

Accepter l'altérité tout en faisant de l'autre son semblable

Il est difficile de travailler si on ne comprend pas ce que l'on fait ou l'environnement dans lequel on évolue. Il est nécessaire de comprendre la différence, de l'accepter et de lui donner sens pour pouvoir l'intégrer. L'altérité absolue, qui signifie que l'autre est fondamentalement différent de soi, implique aussi une séparation absolue, une imperméabilité, une absence de rencontre. Et tout ceci rend impossible le fait de travailler ensemble, car le travail, le plus alimentaire et dénué de sentiment soit-il, implique toujours une part affective, une dimension de partage, de confiance et de coopération avec les autres. Un lien, en quelque sorte.

Or, par définition, ce qui est totalement séparé n'est pas lié. C'est pourquoi, apprendre en quoi les personnes avec qui on travaille sont différentes ne doit jamais se faire au détriment du lien créé avec elles. Et c'est pour cette raison que, derrière la différence, il est préférable de considérer l'autre comme son semblable. Ainsi en est-il des feuilles des arbres qui sont toutes distinctes du fait des différentes essences dont elles sont issues, mais qui restent de nature semblable.

Du décentrage de niveau I au décentrage de niveau II, un petit pas pour un grand changement

Dans le décentrage de niveau I, celui qui consiste à apprendre, il y a déjà les germes du décentrage de niveau II, qui consiste à désapprendre, ou à déconstruire. En effet, tout en apprenant à connaître l'autre, on apprend nécessairement aussi à relativiser ses propres références culturelles. On prend conscience que nos façons de faire, notre vision du monde, nos codes de communication, nos méthodes ne sont plus uniques et évidentes, elles sont des possibilités parmi d'autres.

Cette phase d'apprentissage est donc déjà un «décentrage», terme qui illustre bien le fait de se décaler de son point de vue habituel pour prendre conscience d'un nouveau visage de la réalité.

Si nous avons vu précédemment qu'il était important de connaître la culture d'une personne pour éviter de commettre des impairs et comprendre ses réactions, il est encore plus important d'apprendre à accueillir cette personne en fonction de sa personnalité propre, et non en fonction des catégories auxquelles elle appartient.

Or découvrir l'autre dans son unicité nécessite d'abord de se défaire de ses propres schémas mentaux. C'est l'objectif du décentrage de niveau II.

Le décentrage de niveau II :
faire exploser les catégories

Réduire les conflits intergroupes par la catégorisation croisée

Comme nous l'avons vu, l'individu a une tendance spontanée à privilégier son groupe d'appartenance quand il est en collectif, quel que soit par ailleurs ce groupe d'appartenance. Le simple fait de créer artificiellement des équipes en leur associant un code couleur suffit à créer un sentiment d'appartenance à son équipe. Ce sentiment d'appartenir à un groupe et pas à un autre entraîne des actions de favoritisme envers son propre groupe, pouvant aller jusqu'à de la discrimination en bonne et due forme. En entreprise, les groupes d'appartenance sont créés par le contexte spécifique du travail, et bien souvent, le premier critère de catégorisation est celui de l'équipe de travail ou du service. Nous appartenons au service commercial, ou au service technique, etc. La fonction des personnes dans l'entreprise, leur rôle ou leur métier revêt un caractère essentiel dans la vie d'une organisation. Aussi, c'est un critère de catégorisation évident, qui prime souvent dans les relations intergroupes en entreprise.

Tous les autres critères de catégorisation peuvent tour à tour, ou en même temps, être mis en avant dans le jeu des relations : l'appartenance à une origine nationale, le fait d'être un homme ou une femme, un senior ou un jeune, etc.

Les conflits ou tensions qui peuvent résulter d'une catégorisation en plusieurs groupes qui s'opposent sont particulièrement forts quand les groupes de personnes cumulent plusieurs critères de différenciation : c'est le cas, par exemple, quand, dans une entreprise, on se trouve en présence d'une équipe d'ingénieurs tous masculins, connaissant des tensions avec l'équipe des assistantes, toutes des femmes. Dans ce cas de figure, trois critères de différenciation apparaissent : le métier (ingénieur, assistante), le genre (homme, femme), mais aussi le niveau de pouvoir (les ingénieurs sont les responsables hiérarchiques des assistantes). L'homogénéité de chaque groupe par rapport à ces critères et l'opposition marquée avec l'autre groupe contribuent à créer des blocs qu'il va être difficile de faire travailler harmonieusement ensemble.

Dans le domaine de l'entreprise comme dans tout travail en collectif, il est un enseignement que l'on peut retenir : l'homogénéité des profils est rarement un atout. Au contraire, plus les profils seront divers, et mieux l'entreprise fonctionnera. Plus précisément, moins il y aura « d'effet bloc » avec opposition entre des groupes à l'intérieur desquels les membres présentent une homogénéité, moins il y aura de conflits et de discrimination entre les groupes.

Un phénomène appelé l'effet de la catégorisation croisée a été étudié en psychologie sociale. Il s'agit d'analyser le comportement des personnes quand elles sont « classées » par groupes homogènes, ou quand apparaît un autre critère d'appartenance qui casse les groupes préétablis.

Une expérience fondatrice dans le domaine, réalisée par Deschamps et Doise en 1978, a été menée avec 120 filles et garçons de 9 et 10 ans. Dix groupes ont été constitués, chacun étant composé de 6 filles et de 6 garçons. Les enfants ont ensuite été installés autour d'une table, de sorte que les filles et les garçons s'opposent. Cette mise en situation constitue une catégorisation simple, sur la base d'un critère d'appartenance à un groupe social, en l'occurrence, le genre. Elle fait apparaître deux sous-groupes : les filles et les garçons.

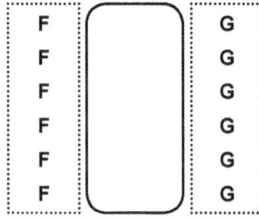

Pour 5 groupes, un autre critère d'appartenance a été introduit : le fait d'appartenir à une équipe bleue ou rouge. Chaque équipe était composée de trois filles et de trois garçons. Il s'agit là d'un critère arbitraire, n'ayant pas de signification sociale mais, comme nous l'avons vu précédemment, cela suffit à créer un sentiment d'appartenance et induit donc un favoritisme au sein de chaque équipe couleur.

Pour ces 5 groupes, caractérisés par deux cercles d'appartenance, cette mise en situation constitue une catégorisation croisée.

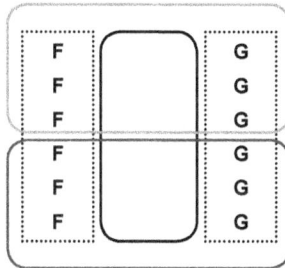

Il a ensuite été demandé à chaque enfant de réaliser, individuellement, une série d'exercices, puis de prédire quel serait le niveau de réussite des exercices selon qu'ils seraient réalisés par le sous-groupe des filles ou le sous-groupe des garçons.

Les résultats furent les suivants : les enfants qui avaient été placés en situation de catégorisation simple ont été influencés par le biais du favoritisme endogroupe : les filles ont ainsi prédit que les garçons réussiraient moins bien les exercices qu'elles-mêmes, et les garçons ont pensé l'inverse.

Pour les enfants qui avaient été placés en situation de catégorisation croisée, le biais du favoritisme de genre a été beaucoup moins fort : les filles ont estimé que les garçons avaient quasiment autant de chances de réussir les exercices qu'elles, et les garçons ont pensé de même.

Pour aller plus loin dans l'expérience, les expérimentateurs ont ensuite présenté une série de trente-trois adjectifs aux enfants, en demandant aux garçons de choisir ceux qui décrivaient le mieux le groupe des filles, et aux filles les adjectifs qui décrivaient le mieux le groupe des garçons. Comme cela était attendu, les enfants placés en situation de catégorisation simple ont eu tendance à donner des qualificatifs plus négatifs aux enfants de l'autre sexe. Ceux qui avaient été placés en situation de catégorisation croisée ont eu tendance à donner des adjectifs plutôt neutres pour caractériser les enfants de l'autre sexe.

On voit ainsi que le fait de casser les oppositions entre des groupes existants en introduisant de multiples critères d'appartenance permet de prévenir l'émergence de préjugés négatifs et donc de potentiels comportements de rejet.

Au vu de cette expérience, le conseil de favoriser la diversité en entreprise n'est pas, comme il pourrait le paraître parfois, une gentille intention politiquement correcte. Il s'agit au contraire d'une stratégie de management intelligente et subtile, permettant de mettre en sourdine notre instinct de favoritisme endogroupe et de favoriser une juste estime des personnes entre elles.

Au cours de notre expérience professionnelle, nous avons plusieurs fois eu l'occasion de vérifier ce phénomène. Nous avons, par exemple, travaillé auprès d'une association œuvrant dans la lutte contre le Sida. Dans cette association, aucun groupe, aucune équipe, n'était homogène et tous les membres connaissaient le phénomène de catégorisation croisée : les personnes pouvaient ainsi être bénévoles ou salariées, malades ou non ou encore d'orientations sexuelles diverses. Elles pouvaient faire partie, comme dans n'importe quelle autre organisation de travail, de la direction ou des équipes de terrain, de tel ou tel service, être un homme ou une femme, avec des âges et des origines divers, etc. La particularité de cette structure tenait à l'existence de nombreux groupes d'appartenance, sans que ces catégories s'opposent vraiment. Cette caractéristique a facilité la mise en place dans cette association de changements organisationnels importants, en l'occurrence la réunion de toutes les entités locales indépendantes en une association nationale unique.

Quand une structure envisage un changement organisationnel important, elle peut s'attendre à de nombreuses résistances. Plus encore que dans d'autres situations de changement, la modification de l'organisation d'une structure est bouleversante pour les salariés. L'installation d'un nouveau logiciel informatique, par exemple, peut certes engendrer des changements importants dans les habitudes de travail, les compétences attendues, et susciter de fait une certaine résistance de la part des personnes les plus inquiètes. Mais un changement d'organisation (fusion avec une autre entreprise, mutualisation d'associations régionales, licenciements massifs, etc.) entraîne une modification des équipes, et donc des groupes d'appartenance. En tant que lieu d'identification, faire partie d'un groupe d'appartenance peut être très rassurant pour une personne. Et bousculer ce groupe d'appartenance, le faire exploser, peut par conséquent être très déstabilisant. C'est une des raisons qui permet d'expliquer qu'un changement organisationnel, même s'il n'entraîne pas de licenciements ni d'actions restrictives pour les salariés, peut être très mal vécu par ces derniers.

Mais dans le cas où l'entreprise favorise l'émergence de nombreux groupes d'appartenance auxquels chaque personne peut s'identifier, où chacun est pris dans des jeux de catégorisation croisée, nous pouvons constater que le changement organisationnel est beaucoup plus facile à mettre en place. Cela a été particulièrement manifeste au moment où l'association dont nous parlons a voulu créer une structure nationale en réunissant toutes les associations locales qui travaillaient jusque-là de façon tout à fait indépendante juridiquement. Toutes les associations locales présentaient la même caractéristique de catégorisations croisées. En passant d'une échelle locale à une échelle nationale, les membres des associations n'ont pas eu le sentiment d'être arrachés à leur groupe d'appartenance. Ils avaient à leur portée de nombreux autres groupes auxquels se rattacher pour continuer à trouver du sens et du confort.

Nous pouvons ainsi schématiser les deux situations d'organisations que nous avons citées précédemment. D'abord, une entreprise qui embauche toujours les mêmes profils sur les mêmes postes, et ceci en concordance avec les stéréotypes en vigueur: il s'agit de l'entreprise qui voyait s'opposer l'équipe des ingénieurs avec celles des assistantes, que nous pouvons schématiser ainsi:

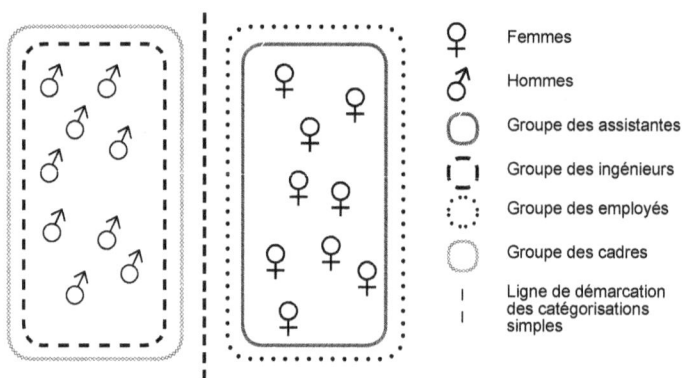

♀	Femmes
♂	Hommes
◯	Groupe des assistantes
⌐¦⌐	Groupe des ingénieurs
⋯	Groupe des employés
◯	Groupe des cadres
¦	Ligne de démarcation des catégorisations simples

Cette entreprise a mis en place, probablement sans s'en rendre compte, les conditions d'une catégorisation simple *triplement* renforcée pour ses salariés. À la catégorisation simple, spontanée et universelle qu'est celle de la distinction en deux groupes hommes et femmes, l'entreprise a ajouté deux autres catégorisations simples: celle du type de métier et celle du statut hiérarchique. Au lieu de mélanger les groupes d'appartenance initiaux, ces nouveaux critères d'appartenance ont *renforcé* la catégorisation simple de départ, car il se trouve que tous les hommes sont précisément à la fois les ingénieurs et les supérieurs hiérarchiques des femmes, qui sont, elles, toutes employées et assistantes des ingénieurs.

Dans cette configuration, une ligne de démarcation très nette apparaît entre les deux groupes, créant les conditions d'une confrontation et d'un rejet mutuel.

Voyons maintenant l'association dont nous parlions, et qui montrait une grande diversité de profils chez ses salariés et bénévoles, avec de nombreux groupes d'appartenance possibles. Retenons seulement trois critères de différenciation afin de pouvoir comparer avec l'entreprise précédente : le genre, le métier (social ou administratif), et le statut hiérarchique (cadre ou employé) :

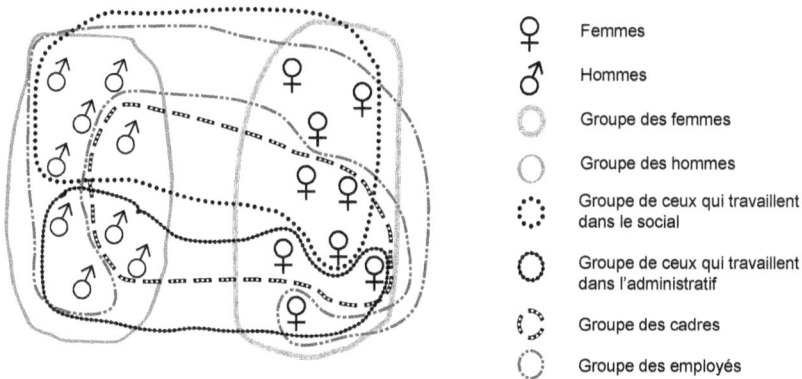

♀	Femmes
♂	Hommes
◯	Groupe des femmes
◯	Groupe des hommes
⦂	Groupe de ceux qui travaillent dans le social
◯	Groupe de ceux qui travaillent dans l'administratif
◌	Groupe des cadres
◌	Groupe des employés

Ici, impossible de tracer une ligne de démarcation, étant donné que tous les indivi-dus appartiennent à plusieurs groupes en même temps. Ils ont donc de multiples sources d'identification et de possibilités de liens avec une grande partie des autres individus de l'association. Les conditions sont réunies pour réduire au minimum les phénomènes de confrontation et de rejet entre «blocs» distincts.

Nous pouvons également méditer sur les aspects positifs d'une organisation qui semble, *a priori*, «fouillis» en comparaison avec les dysfonctionnements engendrés par une organisation bien carrée comme la montre le schéma précédent.

De même qu'un immeuble résiste mieux aux secousses sismiques quand il repose sur de multiples appuis lui permettant d'ajuster son équilibre que quand il est planté d'un seul bloc dans le sol, les individus vivent mieux les changements organisationnels quand ils peuvent s'identifier à plusieurs groupes d'appartenance dans l'entreprise.

Favoriser la diversité en entreprise

La diversité en entreprise est, on le voit, un atout. Aussi doit-on se demander comment favoriser cette diversité?

Tout d'abord, précisons que la diversité en entreprise renvoie simplement à l'idée d'une multiplicité des profils, ou encore, la présence de nombreux groupes d'appartenance. Contrairement à ce qu'on entend souvent dans les médias depuis quelque temps, la diversité ne s'exprime pas seulement en présence de personnes d'origines étrangères (les personnes issues de la diversité!), mais aussi quand les personnes qui travaillent ensemble ne sont tout simplement pas issues du même environnement.

On parle de mixité quand dans un groupe, une équipe de travail, une population, on trouve une proportion suffisamment importante de personnes n'ayant pas le même profil que la majorité. Là non plus, il ne faut pas réduire la mixité à la question hommes-femmes comme c'est bien souvent le cas. On estime qu'on peut parler d'une équipe mixte quand on a au moins 30% de personnes ayant un profil différent des 70% restants par rapport à un critère donné. Ainsi, peut-on parler d'une équipe professionnellement mixte si elle comporte, par exemple, 70% d'ingénieurs et 30% de commerciaux, mais pas si les ingénieurs représentent 90% de l'effectif et les commerciaux seulement 10%. Pourquoi? Probablement parce qu'il faut une minorité suffisamment importante pour créer un mouvement de balancier et créer, précisément, les conditions d'une diversité fructueuse. Quand la minorité est trop faible, elle ne peut pas faire le poids.

Nous avons connu une entreprise industrielle dont l'atelier était composé d'une population exclusivement féminine et présentant une grande homogénéité : même niveau de qualification, même origine sociale et culturelle. À l'occasion d'un recrutement, et dans le souci de favoriser la diversité, le directeur des ressources humaines a embauché deux jeunes femmes d'origine maghrébine. À elles deux, dans un atelier d'environ quarante personnes, elles représentaient à peine 5 % d'effectif « différent ». On est en droit de se poser la question suivante : en quoi étaient-elles réellement différentes de leurs collègues ? En l'occurrence, seules leur couleur de peau et la consonance de leur nom indiquaient leur origine. Mais, nées françaises, elles n'étaient certainement pas dans le cas de figure évoqué en première partie sur le décentrage de niveau I, où il est nécessaire de comprendre la culture de l'autre pour travailler avec lui. Toujours est-il que pour les ouvrières déjà en place, ces deux personnes ont immédiatement été considérées comme des étrangères dont la présence était inadmissible au sein de l'atelier. Elles ont été « peintes en étrangères de culture musulmane ». Elles ont alors subi une exclusion en bonne et due forme et un rejet collectif qui peuvent tout à fait être considérés comme du harcèlement.

Le directeur des ressources humaines, conscient de la situation, a tout fait pour faciliter l'intégration de ces deux nouvelles salariées. En vain : elles ont au contraire été soupçonnées d'être protégées et privilégiées par la direction. Bref, ce fut un échec qui s'est soldé, finalement, par le départ volontaire des deux personnes en question.

Quels enseignements peut-on tirer de cette situation qui nous a été relatée par le directeur des ressources humaines lui-même ?

Tout d'abord, nous pouvons observer que le rejet de la différence et la discrimination pure et simple sont bien des réalités de terrain et pas seulement des concepts. Ce rejet de l'autre s'exprime bien sûr envers les personnes d'origine étrangère, mais aussi et plus généralement, envers les personnes qui présentent une « différence ».

Ensuite, il ne suffit pas d'intégrer une personne ou deux ayant un profil différent dans une équipe pour prétendre à la diversité. De plus, dans ce cas de figure, on voit très bien que l'intégration de ces deux salariées a favorisé la création de deux « blocs » opposés. On était dans le cadre d'une catégorisation simple, qui amène forcément la dualité et la confrontation. Ceci ajouté au fait que le « deuxième bloc » était minuscule par rapport au « premier bloc », les membres du deuxième bloc se sont alors sentis en position d'infériorité.

Dans le cas présent, qu'aurait pu faire l'entreprise pour éviter l'émergence de ces fameux blocs en favorisant autant que faire se peut des catégorisations croisées ?

On peut imaginer plusieurs pistes : repérer, en premier lieu, au sein de l'équipe déjà en place, les aspérités se cachant sous l'apparente homogénéité des personnes. Elles avaient toutes le même niveau de qualification ? D'accord, mais elles n'avaient sans doute pas la même expérience professionnelle. Ceci est déjà un premier point de différenciation qui peut être mis en évidence. Par ailleurs, elles n'avaient sûrement pas toutes la même façon de travailler. Ainsi, une organisation de travail particulière dans l'atelier aurait peut-être pu favoriser l'émergence de nouveaux critères d'identification et de catégorisation, plus axés sur une dimension professionnelle. Une piste aurait pu être de constituer plusieurs équipes travaillant chacune sur un produit spécifique : chaque équipe aurait ainsi pu développer des compétences particulières, avec des objectifs et des méthodes lui étant propres, et devenir ainsi un groupe d'appartenance parmi d'autres. Les deux jeunes femmes auraient alors pu être intégrées dans des équipes différentes pour favoriser une catégorisation croisée.

Par ailleurs, l'atelier étant exclusivement féminin, l'intégration de salariés masculins, en nombre suffisant pour créer la mixité, aurait certainement été une autre possibilité à explorer.

Pour conclure sur ce point, nous pouvons évoquer encore le cas d'une autre entreprise qui, par sa constitution, a favorisé la catégorisation croisée. Il s'agit d'une entreprise métallurgique, avec une activité ouvrière pratiquée dans des conditions difficiles (fours à très haute chaleur). Située dans un coin de montagne, l'entreprise emploie une forte proportion de salariés vivant dans les villages à proximité, ce qui contribue à créer un sentiment d'appartenance fort. Par ailleurs, l'histoire de la région a été marquée par de nombreuses vagues d'immigration, espagnole, italienne, portugaise, maghrebine, qui donnent aujourd'hui d'autres moyens de reconnaissance des salariés les uns envers les autres. Notons que certains membres de la direction sont eux-mêmes issus de l'immigration, ce qui évite un clivage direction-salariés. Cette diversité des origines, associée à une culture ouvrière revendiquée et à un certain isolement géographique de l'entreprise, contribue à créer une cohésion d'ensemble. Dans cette entreprise, la diversité des profils est aujourd'hui une dimension revendiquée – dans une charte – et contribue à créer un socle de valeurs communes qui, au lieu de cliver les salariés, permet de les unir.

Passer des relations intergroupes aux relations interpersonnelles

Poussons le raisonnement de la catégorisation croisée jusqu'au bout : créer de multiples groupes d'appartenance auxquels chaque individu peut s'identifier permet de réduire les clivages intergroupes. Si l'individu pouvait se sentir un lien d'appartenance avec chacun des autres individus, alors les conflits intergroupes disparaîtraient.

De fait, nous pouvons affirmer qu'un individu est toujours bien plus complexe que la somme de tous les groupes d'appartenance imaginables auxquels on peut le rattacher. Comme nous l'avons vu dans la première partie du livre, la représentation de l'identité sociale d'une personne avec, dans chaque ballon, un groupe d'appartenance, est forcément incomplète et partielle.

De plus, les groupes d'appartenance ne sont pas figés. On pourrait aussi considérer les trajectoires individuelles : une personne peut faire partie d'une catégorie sociale à un moment donné de sa vie et d'une autre plus tard. La notion de trajectoire, rarement évoquée dans le domaine de la psychologie sociale, est pourtant fondamentale dans l'identité sociale d'une personne.

Ceci nous conforte dans l'idée que tout individu est unique, et donc que cette unicité doit lui permettre d'entrer en relation avec n'importe quel autre individu, aussi différent soit-il *a priori*.

Bien sûr, on ne peut empêcher les groupes d'appartenance de se constituer, et ils ont aussi leur utilité. C'est une tendance naturelle que nous avons tous, nous rapprocher de ceux avec qui nous partageons des références ou des centres d'intérêt. Au-delà de la dimension de fonctionnement social des groupes, on ne peut ignorer non plus les affinités individuelles qui se créent entre les gens. Si ces affinités se fondent souvent sur le partage de caractéristiques communes, ce n'est pas pour autant une nécessité, car on peut aussi se lier d'amitié avec une personne avec qui on partage très peu de points communs.

Le propos n'est donc pas d'empêcher les affinités de se créer, les groupes d'appartenance d'émerger, mais simplement d'éviter qu'ils ne fassent rempart contre d'autres personnes ou d'autres groupes. Il s'agit aussi d'éviter que les relations se créent sur la base des préjugés que l'on a sur telle ou telle catégorie de personnes.

En privilégiant les rapports interpersonnels, issus de la rencontre entre des individus libres de leur appréciation envers leurs semblables, en dehors des injonctions sociales, nous faisons le pari que les groupes humains fonctionneront mieux.

Le décentrage de niveau II :
ramollir les croyances limitantes

Imaginons qu'en tant que coach, vous soyez en train d'accompagner une équipe multiculturelle. Vous avez déjà mis en œuvre des actions pour que les personnes apprennent à se connaître, pour qu'elles se découvrent. Vous avez aussi créé les conditions favorables à des catégorisations croisées pour que les membres de l'équipe aient les relations les plus personnelles possibles, au lieu d'être fondées sur un esprit de clan.

Maintenant, vous vous heurtez à des résistances plus profondes, plus subtiles, que sont les croyances individuelles ou collectives que les membres de l'équipe possèdent et qui font obstacle au travail harmonieux de l'équipe. Il vous faut donc travailler à amoindrir ces croyances limitantes.

Le principe fondamental du ramollissement des croyances limitantes est celui d'une prise de conscience. L'individu peut ainsi prendre conscience que ce qu'il pensait vrai est en réalité faux. Mais le plus souvent, il prend conscience que ce qu'il croyait vrai l'est seulement dans certains cas, mais pas tout le temps. La croyance perd alors son caractère total, absolu et écrasant, pour retrouver place au sein d'autres vérités partielles, sujettes à caution, valables seulement dans certaines situations.

On parle ainsi de « ramollir une croyance ». Une fois qu'une croyance est ramollie, l'individu peut, en douceur, se construire une nouvelle croyance plus favorable et aidante pour lui.

Prenons tout de suite le cas d'une croyance individuelle pour illustrer ce propos.

Favoriser une prise de conscience : le cas d'une croyance individuelle

Nous avons récemment accompagné une personne dont la demande initiale était de « se sentir légitime sur son poste ». Il s'agit d'une femme, nouvellement nommée « directrice des ressources humaines » dans une collectivité territoriale de taille moyenne. Cette personne occupait auparavant le poste de « responsable du personnel ». Son changement de poste était le reflet de la volonté de la collectivité de donner une dimension stratégique au développement des ressources humaines, alors que la fonction de « responsable du personnel » renvoyait à une gestion très administrative et comptable. Son nouveau poste impliquait plus de responsabilités, des liens plus forts avec la direction et une aura beaucoup plus importante.

Or cette personne souffrait d'un sentiment d'illégitimité sur son poste, pour deux raisons exprimées clairement au départ : elle n'avait pas de diplôme universitaire, contrairement à la grande majorité des personnes qui accèdent à ce niveau de responsabilités, et elle se demandait si ce n'était pas son ancienneté plus que ses compétences qui lui avait permis d'obtenir ce poste. Ce sentiment d'illégitimité était renforcé par une croyance qui a fini par émerger durant la discussion, selon laquelle « si elle demandait de l'aide, elle avouait sa faiblesse ». Au quotidien, cette personne se retrouvait ainsi bloquée par sa peur de mal faire et sa peur de révéler son incapacité (supposée) au grand jour.

Nous nous sommes, dans un premier temps, attachés à réduire cette croyance selon laquelle « demander de l'aide est un aveu de faiblesse », et nous retranscrivons ici, en synthèse, l'échange que nous avons eu :

– Avez-vous dans votre entourage professionnel quelqu'un que vous admirez ? Cela peut être aujourd'hui ou avoir eu lieu dans le passé

– Oui, en effet. J'ai beaucoup d'admiration pour mon directeur général actuel.

– Pouvez-vous me parler de cette personne ? Quelles sont ses réussites les plus marquantes selon vous ?

– Il a réussi à remobiliser l'ensemble du personnel autour de projets fédérateurs, et il a aussi réussi à retrouver une collaboration avec le maire, qui est réputé pour sa personnalité difficile.

– Comment a-t-il fait pour remobiliser le personnel ? Parlez-moi du contexte dans lequel cela s'est déroulé, et la façon dont il s'y est pris.

– Il s'agissait d'une période compliquée car un des projets de la mairie était de mettre en place des entretiens annuels qui auraient un impact sur la rémunération des agents, avec une part de prime variable conditionnée à l'évaluation. Il y avait énormément de résistances en interne. Le directeur général a rencontré chacun des managers qui allaient mener des entretiens. Il a expliqué la démarche et s'est fait accompagner par un intervenant extérieur, qui a travaillé sur l'élaboration des grilles d'entretiens et sur la recherche d'indicateurs permettant d'objectiver l'évaluation. Les managers ont été associés au travail du consultant dans le cadre de groupes de travail.

– Vous me dites donc que le directeur général est allé chercher un consultant extérieur pour se faire aider sur ce projet ?

– Oui, en effet.

– Et concernant les relations avec le maire ?

– C'était un maire issu du monde privé, dont le comportement était en décalage avec l'univers du public.

– Comment s'y est pris le directeur général ?

– Il allait souvent voir le maire. Il a instauré une relation de proximité et de confiance avec lui. Et il venait aussi souvent me voir pour discuter sur le sujet.

– Il venait donc vous voir vous, pour en parler ?

– Oui, mais ce n'est pas parce qu'il venait me voir qu'il me demandait conseil ou tenait compte de mon avis !

– (Silence et sourire). Que pouvez-vous remarquer dans la façon de s'y prendre du directeur général dans ces deux situations de réussite ?

– Je vois qu'il a fait appel à un consultant la première fois, et à moi la deuxième.

– Qu'est-ce que vous en comprenez ?

– (Sourire et silence de la coachée).

Au fur et à mesure de l'entretien, nous avons souligné dans son discours toutes les fois où elle était allée chercher une information auprès de quelqu'un, en lui demandant si c'était un aveu de faiblesse. Elle nous a alors raconté qu'elle avait déjà sollicité un réseau de collectivités pour connaître leurs pratiques et s'était rendu compte que son propre point vue était souvent pertinent. Elle a alors admis que confronter son point de vue à celui d'autres personnes pouvait s'avérer sécurisant.

Lors d'un rendez-vous ultérieur, nous lui avons posé la question suivante :

– Aujourd'hui, que penseriez-vous de quelqu'un qui avance sans faire appel aux autres ?

– Ce serait quelqu'un avec qui je n'aurais pas envie de travailler.

– Par conséquent, si vous pouviez transformer la croyance selon laquelle « solliciter l'avis des autres, c'est faire un aveu de faiblesse » par une croyance plus positive, que pourriez-vous dire ?

– (Après un temps de réflexion) Que « solliciter l'avis des autres, c'est être dans une démarche collaborative », et que c'est le reflet d'un management humain.

– Comment cette nouvelle croyance va-t-elle vous aider dans votre poste ? Etc.

Par la suite, nous avons continué à travailler sur le sentiment de légitimité et de confiance en soi.

Que pouvons-nous retirer de cet entretien ? La personne que nous accompagnions a pris conscience de deux choses : que des personnes qu'elle admirait faisaient appel à d'autres pour être aidées, et qu'elle-même l'avait déjà fait sans se sentir pour autant en situation de faiblesse. Cela lui a permis de réaliser que sa croyance initiale n'était pas vraie dans tous les cas, voire que ce qu'elle voyait comme une preuve de faiblesse était au contraire une preuve de maturité et d'humanisme. Derrière cette idée, il y a celle d'un changement de point de vue sur une même situation. On peut en effet voir quelqu'un qui sollicite l'avis des autres comme :

– quelqu'un qui demande de l'aide car il ne s'en sort pas tout seul et n'est pas capable ;
ou
– quelqu'un qui se nourrit d'autres idées pour prendre la meilleure décision possible.

Dans les faits, il s'agit toujours de quelqu'un qui sollicite un avis… Mais la perception qu'on en a est totalement différente. Dans le premier cas, c'est un acte dévalorisant, dans le deuxième, il est valorisant.

Ce simple changement de perception peut engendrer des évolutions importantes : on peut supposer que, dans le premier cas de figure, l'individu va aborder l'autre de façon humble et désolée, en s'excusant de ne pas savoir faire et en se présentant, de façon plus ou moins explicite, comme quelqu'un d'incapable. Dans le deuxième cas de figure, au contraire, on peut imaginer que la personne présente les choses de façon à valoriser l'autre, en lui signifiant que son avis est important, et par ricochet, elle se valorisera elle-même en montrant son ouverture d'esprit.

Ce simple regard sur soi-même peut conditionner fortement la façon dont nous allons nous comporter avec les autres, et par conséquent sur la façon dont ils nous percevront à leur tour.

Dans le cas de notre directrice des ressources humaines, on ne s'attend pas à un changement spectaculaire dans son attitude, mais plutôt à un surcroît de sérénité et une plus grande aisance à agir dans une situation difficile. Grâce à une image d'elle-même améliorée, elle s'autorisera davantage à agir de façon plus spontanée. C'est, ensuite, le temps et la pratique qui lui permettront de donner corps à la nouvelle croyance qu'elle a exprimée en fin d'entretien.

En collectif : faire prendre conscience des stéréotypes et croyances

Faire le lien entre la dimension individuelle et la dimension collective

Dans le cadre collectif, le travail sur les croyances se pose différemment, nous serons plutôt en présence de croyances externes (c'est-à-dire héritées de notre culture), partagées entre les membres du groupe. L'approche adoptée s'appuiera justement sur l'effet de groupe.

Néanmoins, une croyance collective peut tout à fait être intégrée de façon très personnelle chez un individu, et c'est pourquoi le va-et-vient entre les dimensions collective et individuelle est important dans l'accompagnement.

Prenons un exemple : un groupe, hommes et femmes compris, peut partager la croyance selon laquelle *les femmes sont globalement moins performantes sur les postes de direction car elles ont moins d'autorité.* L'existence de cette croyance collective n'empêche pas l'existence de croyances individuelles différentes et singulières. On pourra, par exemple, trouver dans ce groupe un homme dont le manager est une femme et qui la trouvera très compétente, car, comme nous l'avons vu dans la première partie du livre, les croyances s'accommodent très bien des exceptions à la règle. On pourra également trouver une femme manager qui, tout en pensant effectivement que la majorité des femmes sont plutôt moins aptes que les hommes sur les postes de direction, se sent légitime dans sa fonction car, comme dans le cas précédent, elle se considère comme une exception à la règle. On pourra trouver, à l'inverse, un homme dont la croyance collective est renforcée par une croyance individuelle encore plus forte, selon laquelle *être dirigé par une femme est humiliant.*

Dans ce cas de figure, on peut espérer qu'un travail en grand groupe pour ramollir la croyance collective sera efficace pour les deux premières personnes, mais il est moins probable qu'il le soit pour la troisième. En effet, les deux premières personnes sont plutôt dans la situation où elles souscrivent à une croyance externe communément admise, tout en fonctionnant dans leur vie comme si cette croyance n'existait pas. Diminuer la croyance collective et la remplacer par une croyance plus en phase avec l'égalité hommes-femmes sera même une façon de rendre plus concordante leur expérience vécue. On voit bien qu'en aucun cas la croyance collective citée n'est une croyance pilier pour ces deux personnes. Il en va autrement pour la troisième personne, cet homme qui considère *qu'être dirigé par une femme est humiliant*. Cette croyance l'atteint directement dans son identité et peut être considérée comme une croyance pilier. Or une croyance pilier est très difficile à faire bouger, et cela doit être opéré avec beaucoup de précautions en prenant soin de remplacer cette croyance par une autre plus positive pour la personne.

Le coach qui perçoit dans un groupe l'existence d'une croyance individuelle aussi forte devra nécessairement passer par un accompagnement individuel. Dans le cas présent, il s'agira de voir comment faire émerger une nouvelle croyance permettant de faire coexister l'idée selon laquelle les femmes sont aussi aptes que les hommes sur les postes de direction, et l'idée que la masculinité n'a rien à perdre dans cette reconnaissance d'un égal féminin. Cet exemple est très complexe, car derrière la croyance énoncée se cache une autre croyance qui concerne la construction du masculin et du féminin, et qui tend à opposer et hiérarchiser les deux notions de façon irrémédiable. On peut supposer que dans un tel cas de figure, le coach aura un accompagnement conséquent à mener avec la personne, en parallèle du travail avec le groupe.

Mettre les différentes parties en présence

Mais revenons à notre groupe. Vous avez identifié dans le groupe que vous accompagnez plusieurs croyances limitantes qui entravent la possibilité de travailler ensemble. En particulier, il existe un certain nombre de croyances concernant les différentes catégories de personnes dans le groupe : il s'agit alors de stéréotypes.

Rappelons que les stéréotypes sont les croyances partagées concernant une catégorie de personnes, alors que les croyances au sens large peuvent concerner tous les domaines de la vie. Vous pouvez ainsi rencontrer, dans un groupe, la croyance partagée selon laquelle *il faut innover tous les trois mois pour être compétitif*, ou encore que *seules les entreprises au management par projet sont performantes*. Ces croyances ne sont ni bonnes ni mauvaises dans l'absolu et peuvent tour à tour être aidantes ou limitantes, selon la situation. Si vous rencontrez une croyance de ce type dans un groupe, vous pourriez être amené à travailler à ramollir cette croyance, si toutefois elle est limitante pour le développement du groupe. Mais dans le cadre de notre réflexion sur les équipes multiculturelles, ce qui nous intéresse avant tout, c'est de diminuer les stéréotypes qui empêchent de considérer ses collègues comme des individus singuliers et nous les montrent par le filtre de la caricature.

Soulignons encore que l'existence de stéréotypes n'est un problème pour un groupe que lorsque certains membres de ce groupe en sont les «victimes». Nous pouvons supposer, de façon théorique du moins, qu'un groupe homogène évoluant en vase clos puisse travailler en parfaite harmonie tout en possédant des stéréotypes féroces sur d'autres catégories de personnes. Ce cas de figure est théorique, bien sûr, puisqu'aucune entreprise n'est à notre connaissance constituée de personnes appartenant à un seul et même groupe d'appartenance ! De plus, même en supposant que cela soit possible, le mécanisme des relations intergroupes pousserait ces individus au profil homogène à percevoir et mettre en exergue des critères de différenciation plus ténus mais engendrant des sous-catégories de personnes.

Ceci nous amène simplement à souligner que les stéréotypes conduisent généralement à une forme d'affrontement entre deux catégories (ou plus) de personnes. C'est en mettant en présence les unes des autres ces différentes catégories de personnes qu'on pourra le mieux diminuer les stéréotypes. Tout d'abord, comme nous l'avons précédemment, le simple fait de côtoyer et d'apprendre à connaître des personnes issues d'une catégorie sur laquelle nous avons des stéréotypes permet de réduire ces stéréotypes. Plus nous connaissons les gens, plus nous avons une perception nuancée de leurs caractéris-

114

tiques. Il serait donc absurde et peu productif d'accompagner une équipe multiculturelle ou multigroupe en rencontrant séparément les différentes catégories de personnes.

Reprenons un précédent exemple dans lequel nous relations avoir accompagné une entreprise dans laquelle s'opposaient deux équipes distinctes : l'une composée d'ingénieurs, tous des hommes, et l'autre composée d'assistantes, toutes des femmes. Dans cette situation, plusieurs niveaux de stéréotypes coexistaient : des stéréotypes sur les capacités respectives des hommes et des femmes et des stéréotypes sur les métiers d'ingénieur et d'assistant. À cela s'ajoutait l'élément particulier de relation hiérarchique entre les deux équipes ; relations de pouvoir venant renforcer les stéréotypes courants de relations hommes-femmes.

Au début de notre accompagnement, nous avons rencontré séparément les deux équipes au regard de la taille de chacune d'entre elles (environ huit personnes). Cela nous a aussi permis d'entendre le malaise exprimé par chacun des groupes et les récriminations concernant l'autre équipe (en synthèse, nous pouvons dire que l'équipe des assistantes se sentait sous-employée et peu valorisée, et l'équipe des ingénieurs, peu encline à confier des projets importants aux assistantes). Pendant ces temps de travail, tous les stéréotypes ont été exprimés rapidement et sans réticence. Nous avons ainsi pu identifier les axes d'accompagnement prioritaires.

Par la suite, il nous a semblé important de travailler en réunissant les deux équipes. Comme le groupe était important (seize personnes), nous avons créé deux sous-groupes, composés chacun d'une proportion égale de chaque équipe. Première étape, donc : une catégorisation croisée pour permettre l'émergence d'autres critères de différenciation et casser l'effet *bloc contre bloc*.

Ensuite, nous avons travaillé de front sur les stéréotypes. En particulier, nous avons mené un travail sur les représentations liées au métier des assistantes et à celui des ingénieurs.

Nous pouvons résumer notre processus d'intervention en trois grandes étapes :

– permettre aux membres du groupe de prendre conscience de leurs stéréotypes ;

– permettre à chacun d'exprimer ses attentes et ce qu'il lui faut pour bien travailler avec les autres ;
– co-construire de nouvelles méthodes pour travailler ensemble.

Les deux dernières étapes étant développées dans la dernière partie du livre sur « la créativité multiculturelle », attardons-nous ici sur la première : faire prendre conscience des stéréotypes.

Faire prendre conscience des stéréotypes, en prenant garde de ne pas les renforcer !

Prendre conscience des stéréotypes que l'on possède sur une catégorie de personnes est la première étape vers une vision plus nuancée et ouverte des membres de cette catégorie. Une question se pose alors : cette prise de conscience passe-t-elle nécessairement par une formulation, une explicitation, verbalisation de ces stéréotypes ? Peut-on prendre conscience de quelque chose que l'on ne formule pas clairement dans sa tête ?

Par conséquent, en tant que coach, est-il opportun d'inciter les membres du groupe à formuler explicitement leurs stéréotypes, ou bien cela risque-t-il de les renforcer ? En effet, dans quelle mesure ce qui est dit ne laisse-t-il pas de traces dans l'esprit de ceux qui l'entendent ? Pour peu que ces personnes soient majoritaires dans le groupe, on peut craindre qu'une parole dite et partagée par plusieurs prenne une image de vérité. C'est le grand danger des stéréotypes : comme il s'agit de croyances collectives, ils peuvent avoir l'apparence de la sagesse populaire. « Puisque la plupart d'entre nous pensent comme ceci, c'est que c'est vrai. »

Nous avons été témoins d'animations de groupes durant lesquelles les personnes étaient invitées à formuler les caractéristiques principales des hommes et des femmes. Le résultat était édifiant : les stéréotypes les plus éculés ont été formulés (aussi bien par les femmes que par les hommes, sur chacune des catégories, précisons-le) et inscrits sur un tableau. Ensuite, il a été très difficile pour les animateurs de montrer que tout ceci était des stéréotypes et que la réalité est bien plus riche que cela, même si un temps de débat avait ensuite été prévu pour questionner ces stéréotypes. Ce fut, selon nous, un exemple d'animation de groupe désastreux. Cette animation a contribué à renforcer les stéréotypes chez les participants bien plus qu'elle n'a permis à ces derniers d'en prendre conscience et de s'en défaire.

C'est pourquoi nous invitons à la plus grande prudence dans ce genre d'accompagnement d'équipes. Le coach doit avoir une idée très précise de son déroulé d'intervention et faire preuve d'une grande habileté quand les stéréotypes sont énoncés. Nous avons identifié plusieurs méthodes possibles dans ce sens.

Avoir sous la main des contre-exemples non discutables
Chaque fois que cela est possible, il est important de donner au groupe des informations factuelles venant contredire les stéréotypes. Ces informations doivent être vraies et vérifiables, sans quoi elles n'ont pas de valeur. Cela est plutôt aisé pour tous les stéréotypes hommes-femmes : on trouve dans les statistiques ou dans les événements historiques beaucoup d'informations montrant l'inexactitude des stéréotypes. Cela est plus compliqué quand les stéréotypes s'appuient sur d'autres critères de catégorisation (l'âge, le métier, l'origine culturelle…) car il n'existe pas forcément d'études fiables ou de statistiques donnant des informations objectives et non contestables.

Le risque est alors d'entrer dans un débat sans fin où chacun viendra argumenter avec des exemples vécus du type « Moi je connais quelqu'un qui agit de telle manière », sous-entendu : « Tous les gens partageant la même caractéristique agissent de cette manière… » Autant le dire tout de suite, ce genre de débat est complètement stérile et souvent ingérable avec un groupe. Que dire, à part reconnaître que chacun a raison dans son périmètre personnel, mais qu'aucun ne peut en tirer d'enseignement général ?

De plus, nous alertons sur la tentation de vouloir faire émerger du groupe une nouvelle image figée de la catégorie de personnes visée, ce qui reviendrait en fait à remplacer des stéréotypes par d'autres stéréotypes ! La question n'est pas de savoir, dans notre exemple, « ce qui caractérise réellement les ingénieurs ou les assistantes, quelles sont leurs qualités et quels sont leurs défauts » et encore moins d'avoir la prétention de détenir une vérité.

L'astuce consiste toujours, à un moment donné, à passer des généralités à la situation singulière de l'entreprise, des équipes et des personnes concernées. On peut même dire que la première étape, celle de prise de conscience des stéréotypes existants, n'a pas d'autres buts que de montrer que les généralités sont trompeuses et inefficaces ! C'est pourquoi, dans la plupart des cas, il est préférable d'utiliser la méthode suivante :

Utiliser un protocole qui contextualise et permette d'incarner les stéréotypes
Plutôt que de parler des stéréotypes de façon générale et décontextualisée, il est plus productif de faire parler les personnes *de leur place, de leur propre point de vue.* N'oublions pas que si vous êtes amené, en tant que coach, à travailler au ramollissement des stéréotypes dans un groupe, c'est que ces derniers sont à l'origine de problèmes concrets dans le fonctionnement de ce groupe. Il est important de conserver comme fil conducteur l'objectif final, qui est de trouver une solution avantageuse pour l'ensemble du groupe concernant ce problème particulier. Le stéréotype n'est qu'une barrière à lever vers l'atteinte de cet objectif.

Ainsi, quand le groupe des assistantes nous relatait ses difficultés relationnelles avec le groupe des ingénieurs, certains stéréotypes négatifs sur le métier d'ingénieur ou sur les hommes étaient avancés comme *éléments explicatifs* de ces problèmes relationnels.

Rappelons-nous que les stéréotypes sont non seulement une réduction de la réalité, mais qu'ils ont aussi un rôle d'explication des problèmes et des inégalités. Dans l'exemple que nous prenons, c'est un peu comme si les femmes disaient « c'est le propre des hommes de se comporter avec condescendance avec les femmes, on ne peut rien y faire ».

Ce type de formulation des problèmes porte en lui une résignation, une acceptation de la situation. Diminuer les stéréotypes permet avant tout de poser le problème différemment et d'envisager des solutions que les stéréotypes rendaient inconcevables. Si ce n'est pas le propre des hommes, en général et dans l'absolu, d'être condescendants avec les femmes, alors c'est que ceci est propre aux relations entretenues par les deux équipes concernées, au contexte, à des personnes et des fonctionnements particuliers. Or le contexte et les comportements sont au moins deux paramètres sur lesquels il est possible d'agir.

Considérer les choses sous l'angle de la situation vécue et non d'une généralité immuable est l'étape incontournable pour diminuer les stéréotypes collectifs.

C'est pourquoi, au lieu de faire travailler les équipes sur un registre conceptuel, général, qui amènera forcément sur le terrain des stéréotypes, nous préconisons plutôt de faire parler les personnes sur ce qu'elles perçoivent, ressentent, vivent au quotidien.

Voici un protocole que nous avons utilisé pour accompagner les deux équipes d'ingénieurs et d'assistantes. Nous leur avons posé deux séries de questions :

> ▶ **Protocole**
>
> Qu'aimez-vous dans le fait d'être une assistante/un ingénieur ? Que n'aimez-vous pas ?
> Qu'aimez-vous chez les assistantes/les ingénieurs ? Que n'aimez-vous pas ?
> Qu'aimez-vous que l'on dise sur le métier d'assistante/d'ingénieur ? Que n'aimez-vous pas que l'on dise ?

Chaque fois, nous avons collecté les informations et les avons affichées en distinguant bien qui parlait : les qualités du métier d'assistante vues par les assistantes, puis vues par les ingénieurs, etc.

On sent bien que cette approche est une façon détournée d'aborder les stéréotypes. Il y a en effet de fortes chances pour que les stéréotypes négatifs émergent, par exemple, dans la rubrique « que n'aimez-vous pas qu'on dise de votre métier ? ». Ce qui est une autre façon de s'interroger sur « comment je me suis fait peindre en blanc ? » (Cf. Livre I). Il y a au moins deux avantages à cette méthode :

Être sur le registre émotionnel évite les batailles argumentatives

À aucun moment de l'accompagnement, il n'est question de chercher une vérité sur un métier, quête impossible et vouée à l'échec. À l'inverse, le ressenti des personnes n'est pas contestable, puisque par définition, il leur appartient. Il est donc beaucoup plus constructif pour le groupe de s'appuyer là-dessus que sur l'énoncé de stéréotypes généraux. En effet, le fait de commencer par « qu'aimez-vous ? » positionne le débat sur un registre émotionnel qui invite les personnes au consensus (ou tout au moins, au respect de la parole de l'autre), contrairement à l'argumentation qui risque de renforcer les attitudes d'oppositions.

En effet, quand on cherche à convaincre par l'argumentation et la rhétorique, en démontrant à une personne qu'elle a tort, celle-ci va mettre en marche des mécanismes de résistance, de justification et va chercher à tout prix à montrer qu'elle a raison, même si ce n'est qu'en partie. C'est pourquoi dans notre première méthode, qui consiste à opposer à quelqu'un des éléments factuels montrant que telle chose est un stéréotype, même si l'argument est énorme, incontestable et convaincant, il y a de fortes chances pour que les personnes en face contre-argumentent, tentent de montrer que l'information est fausse ou tout simplement acceptent l'argument comme vrai sans modifier pour autant leur croyance. Comme nous l'avons vu dans la première partie du livre, l'individu s'accroche à ses croyances et est capable de nier l'évidence pour ne pas avoir à les changer.

Il est beaucoup plus efficace d'actionner le levier émotion-empathie. La personne qui parle des stéréotypes dont elle souffre va susciter une certaine empathie chez les personnes qui l'écoutent, et cela peut potentiellement avoir un impact beaucoup plus fort qu'un discours rationnel et un débat d'idées. En effet, le fait pour une personne qui possède des stéréotypes sur une autre catégorie de personnes d'entendre quelqu'un dire précisément à quel point cela lui déplaît d'être caricaturé est une très bonne façon de favoriser chez elle une prise de conscience de ses stéréotypes.

Bien sûr, ces dernières réflexions inspirent peut-être la pensée suivante : a-t-on toujours de l'empathie pour les autres ? Sans répondre à cette question qui nous emmènerait trop loin, nous pouvons rappeler qu'une équipe peut résoudre ses problèmes uniquement si tous les membres sont engagés dans la recherche de solutions et prêts à se remettre en question les uns vis-à-vis des autres. Dans le cas contraire, aucun accompagnement ne peut faire de miracle et il appartient alors à l'entreprise de savoir si elle veut continuer à travailler avec des personnes qui ne sont pas prêtes à travailler en équipe.

Être déjà dans la recherche de solutions plus que dans l'analyse

Dans le cas de figure qui nous intéresse et qui montre la confrontation entre une équipe d'ingénieurs et une équipe d'assistantes, les questions que nous posons soulignent les aspects négatifs mais aussi positifs de chaque métier. En permettant aux uns et aux autres de s'exprimer sur ce qui fonctionne bien et moins bien, on s'engage déjà sur la voie d'une solution commune à trouver.

Ce travail permet de mettre en évidence les qualités du métier grâce auxquelles les personnes qui l'occupent peuvent contribuer au bon fonctionnement du groupe.

Mais plus précisément encore, étant bien sur le registre personnel et émotionnel et non sur un registre général et impersonnel, ce travail permet aux personnes de découvrir et d'exprimer comment, personnellement et indépendamment de leur statut qui, rappelons-le, est en grande partie une étiquette, elles vont pouvoir se positionner dans l'équipe pour faire en sorte que celle-ci fonctionne bien.

Cette précision est d'importance et permet d'appuyer le fait que tout ce travail sur les stéréotypes a pour principal but d'aider une équipe à fonctionner dans une plus grande harmonie.

En synthèse, voici les points de vigilance principaux quand vous travaillez au ramollissement des stéréotypes au sein d'une équipe :

– éviter l'effet de renforcement des stéréotypes ;
– libérer le groupe de la dimension explicative et donc fataliste des stéréotypes ;

– contextualiser et personnaliser la problématique ;
– une fois l'effet négatif des stéréotypes mis en évidence, passer à la dimension constructive de groupe.

Comme nous venons de l'aborder, le pouvoir de l'argumentation a ses limites. Nous avons tous vécu au moins une fois la situation suivante : nous comprenons rationnellement un fait, mais au fond de nous, nous ressentons le contraire, et nous avons beau nous convaincre par le raisonnement, notre cœur ne parvient pas à y croire.

C'est pourquoi, quand on travaille sur les croyances (stéréotypes compris), il peut arriver un moment où il est nécessaire de passer outre notre capacité de raisonnement pour atteindre directement la partie émotionnelle, où les événements se vivent plus qu'ils ne se disent, et où beaucoup de choses se jouent à notre insu.

C'est l'objet de notre prochain chapitre : approcher le rôle des émotions et voir comment trouver de nouveaux moyens d'action et d'accompagnement des personnes pour lever les résistances et aider au bon fonctionnement des équipes multiculturelles.

Utiliser le cerveau émotionnel
pour créer du lien

La neurologie nous permet de comprendre de mieux en mieux le fonctionnement de notre cerveau, même si la part de mystère reste encore bien supérieure à nos connaissances. On apprend ainsi que : « À l'intérieur du cerveau se trouve un cerveau émotionnel, un véritable "cerveau dans le cerveau". Celui-ci a une architecture différente, une organisation cellulaire différente, et même des propriétés biochimiques différentes du reste du "neocortex" – c'est-à-dire la partie la plus "évoluée" du cerveau, qui est le siège du langage et de la pensée. Le cerveau émotionnel, pour sa part, contrôle tout ce qui régit le bien-être psychologique et une grande partie de la physiologie du corps : le fonctionnement du cœur, la tension artérielle, les hormones, le système digestif et même le système immunitaire. Le traitement de l'information par le cerveau émotionnel est très rapide afin de déclencher les réactions de survie pour maintenir les différentes fonctions en équilibre, "l'homéostasie". »[1]

Le cerveau émotionnel aurait la capacité d'analyser un nombre incalculable d'informations, à notre insu, et nous pousserait à prendre certaines décisions que l'on ressent comme « intuitives ». Nous sentons que c'est la bonne décision à prendre, mais nous ne savons pas forcément l'expliquer rationnellement. Le cerveau émotionnel s'appuierait, notamment, sur des neurones spécifiques, les neurones dopaminergiques, capables de garder en mémoire toute une série d'événements de notre vie passée, pour procéder à

---

1. David Servan-Schreiber, *Guérir*, p. 21

une analyse permettant de déterminer le comportement à adopter, ici et maintenant, dans une situation donnée. C'est ce qu'il se passe, par exemple, pour les joueurs d'échecs surentraînés, dont le cerveau émotionnel a engrangé dans sa mémoire le déroulement de toutes les parties jouées au cours de leur vie et qui, pendant une partie, savent exactement quel coup jouer, sans avoir besoin de passer par une analyse rationnelle de la situation. Leur cerveau émotionnel leur a donné la réponse avant même que leur cortex cérébral ait eu le temps de se mettre en marche.

Par ailleurs, le rôle du cerveau émotionnel et l'effet des émotions se font également sentir au quotidien. Nous avons tous forcément vécu des situations où un événement engendre l'émergence d'une émotion incontrôlable, qui amène à son tour un acte, pas forcément réfléchi : quelqu'un qui met une claque à une autre personne sous le coup de la colère, ou encore qui s'enfuit en courant en voyant arriver un tramway qu'il n'avait pas entendu venir (émotion de peur).

C'est peut-être pourquoi la notion d'émotion est souvent rattachée à celle de mouvement, mouvement de l'âme et mouvement du corps. C'est d'ailleurs l'origine latine du mot émotion : *movere*. Or le mouvement, en tant que condition nécessaire au décentrage pour l'entente interculturelle, est ce qui nous intéresse. Si les émotions sont un mouvement, nous devons alors agir sur elles pour faire bouger nos membres d'équipes multiculturelles.

On distingue souvent sept émotions essentielles et universelles : la peur, la joie, la colère, la tristesse, le dégoût, le mépris et la surprise. Les recherches récentes vont dans le sens d'un affinement de ces émotions, avec un panel de plus en plus large.

Nous proposons au contraire de nous arrêter sur seulement deux grandes familles d'émotions : les émotions positives et les émotions négatives, que nous pouvons relier à deux dimensions étudiées en neurologie et qui mettent en évidence des circuits différents dans le cerveau. Il y aurait, en effet, un circuit et des zones spécialement dédiés à la notion de récompense, qui engendrent des émotions positives, et un circuit et des zones spécialement dédiés à la notion de perte, qui engendrent des émotions négatives Sans entrer dans les détails, nous souhaitons retenir deux éléments essentiels :

– le cerveau émotionnel fait tout pour obtenir des récompenses et éviter des pertes ;

– la peur de la perte est beaucoup plus importante que l'attrait de la récompense, si bien que face à une situation où le risque de perdre est équivalent à celui de gagner, nous avons plutôt tendance à ne pas agir.

En matière de relations interpersonnelles et interculturelles, nous pouvons en déduire que la peur de perdre quelque chose en s'ouvrant à l'autre (perdre de l'autonomie, du pouvoir…) est plus forte que l'opportunité de gagner quelque chose (gagner une amitié, de nouvelles idées…). Cela concorde bien avec ce que nous apprenions précédemment sur la confiance et sur le fait que la confiance entre deux personnes est longue à se gagner, et très rapide à se perdre.

Cela nous conforte également dans l'idée que la confiance est bien la clé de voûte des relations interpersonnelles. En effet, nous pouvons associer ici l'idée de confiance à celle de récompense, du fait qu'elle est une condition incontournable pour rendre positive une relation entre les personnes.

À ce stade, notre objectif est donc de voir comment diminuer la peur de l'autre et augmenter la confiance que nous avons en lui, en se servant du cerveau émotionnel, et non du cerveau analytique. Il n'est donc plus question de raisonnement, d'analyse ou d'explication pour faire changer d'avis. Nous entrons sur le registre de la mise en situation, du concret et du sensoriel.

Créer un lien grâce aux émotions

Parfois, le simple fait de verbaliser une émotion négative comme la peur permet de résoudre un certain nombre de difficultés. En voici un exemple.

Dans la première partie du livre, nous parlions d'une entreprise dont deux entités distinctes, l'une « en ville » et l'autre « à la montagne » allaient être regroupées dans les locaux de la partie « ville ». Les préjugés étaient nombreux, de part et d'autre, et les membres de chaque entité craignaient de ne pas pouvoir travailler harmonieusement avec les « nouveaux ». Dans notre accompagnement, nous avons travaillé avec chaque entité plus précisément sur ces craintes. Il nous est alors apparu que, globalement, les craintes étaient les mêmes de chaque côté, bien que les arguments pour les justifier ne soient pas identiques.

Nous avons fait part, à chaque équipe, du fait que l'équipe de l'autre entité partageait exactement les mêmes craintes qu'elle. Cela eut pour effet de transformer leur vision de la situation. Jusque-là, chaque équipe reprochait à l'autre, sans se l'avouer, les changements à venir, bien que chaque personne soit parfaitement consciente qu'en réalité la décision de cette fusion venait de la direction et non des équipes elles-mêmes. Dans les faits, ce changement non voulu par les personnes avait engendré un rejet spontané de l'autre équipe.

Le fait d'apprendre, par la personne extérieure à l'entreprise venue les accompagner dans ce changement organisationnel, que les membres de l'autre équipe partageaient le même désarroi qu'eux a permis de désamorcer la situation et d'apaiser les tensions.

Cette prise de conscience de l'existence d'une « peur » commune, partagée, a permis de créer un lien entre les deux équipes. Elles n'étaient plus totalement opposées, ni fondamentalement différentes comme leurs membres voulaient bien le croire. Le changement de perspective sur cette peur a facilité, par la suite, la coopération de ces personnes dans un esprit constructif.

L'empathie comme clé de réussite des relations multiculturelles

Le phénomène qui fait que des personnes en interaction éprouvent en même temps la même émotion est en lien avec l'empathie. Dans l'exemple dont nous parlons, les membres de chaque équipe ont soudain eu de l'empathie pour les membres de l'autre équipe, et cette mise en lien a permis d'amorcer le changement.

En permettant à chacun de se mettre à la place de l'autre, l'empathie semble ainsi être un levier très intéressant pour le travail en contexte multiculturel. En effet, tout ce que nous avons vu jusque-là montre que le problème se résume au fait de penser que les autres sont différents. Cette différence devient un motif de rejet, selon le principe inconscient et universel du favoritisme endogroupe.

Si nous ressentons de l'empathie pour quelqu'un, c'est que nous l'accueillons tel qu'il est. Et si nous pouvons l'accueillir ainsi, c'est bien que nous avons admis sa similitude avec nous. Cette personne n'est plus étrangère, c'est un *alter ego*. Le mur de la différence tombe.

C'est pourquoi nous affirmons que pouvoir s'identifier à l'autre est la clé de la relation interculturelle.

Et cette identification, par le biais de l'empathie, passe par le partage des émotions. D'où le rôle primordial de ces dernières dans l'accompagnement des équipes multiculturelles.

Favoriser les situations
qui font émerger des émotions positives

Faire émerger des émotions fortes que partageront les membres d'une équipe devrait ainsi devenir un objectif pour les entreprises au même titre que la formation des managers. C'est d'ailleurs dans cette idée que se sont développées ces dernières années les activités de team-building, qui consistent à sortir les salariés de leur cadre habituel de travail pour les emmener dans un lieu où ils auront des activités différentes, généralement ludiques, et où ils pourront apprendre à faire connaissance et créer des liens au travers de jeux ou mises en situation qui engendreront des émotions positives.

Dans le quotidien professionnel, il est important aussi que les équipes célèbrent les réussites collectives, petites ou grandes. Les échecs ou les émotions négatives (comme tout à l'heure, la peur) peuvent aussi contribuer à souder une équipe, si l'on fait bien attention à tirer de cette expérience difficile une dimension positive. Par exemple, une équipe qui aurait échoué dans un projet peut se sentir plus soudée qu'avant si l'échec est vécu et porté collectivement, dans un esprit de solidarité et non de recherche de bouc émissaire, et si, derrière cet échec, l'équipe sait se remobiliser sur de nouveaux projets porteurs.

Le point de vigilance à avoir, pour une entreprise qui tente de favoriser l'émergence d'émotions positives par l'organisation d'activités comme le team-building, réside dans le caractère ponctuel et non pérenne de ces activités. Même si un événement fort peut créer un lien entre deux personnes, ce lien se délitera dans le temps s'il n'est pas nourri par la suite. Les émotions partagées par les membres d'une équipe doivent ainsi être cultivées jour après jour et reposer, autant que possible, sur des événements significatifs pour les individus, comme peuvent l'être des réussites professionnelles de l'équipe, plutôt que sur des activités ludiques déconnectées du quotidien professionnel.

Utiliser les canaux sensoriels pour favoriser une relation de confiance avec les autres : le rôle du corps

Les émotions engendrent une réaction physique, corporelle. Comme nous le disions précédemment, elles sont des réactions à un événement interne ou externe (un ours surgit du chemin et provoque une réaction de peur chez les promeneurs). Ces réactions se traduisent par des changements physiques (pour la peur : un accroissement du rythme cardiaque, une transpiration soudaine…) et entraînent un comportement (par exemple, se mettre à courir). Ces réactions sont régies en partie par les pensées et les croyances que nous avons.

Or la bonne nouvelle est que nous avons tous un corps semblable, quel que soit le coin de la planète. Et les émotions sont universelles ; nous en ressentons tous, mais elles ne s'expriment pas forcément dans les mêmes situations, chaque situation pouvant prendre un sens différent selon la culture. Ce qui diffère aussi entre les cultures, c'est la place qui est donnée aux émotions dans la vie en société : est-il mal vu ou bien vu, par exemple, de les exprimer ? En outre, chaque individu, quelle que soit sa culture, aura une relation particulière avec ses propres émotions : certains sauront plus que d'autres comment les exprimer, les écouter, les contrôler… Mais ces divergences ne sont rien par rapport à ce qui est commun entre tous les êtres humains.

Le corps étant ce que l'on a de plus semblable entre personnes de cultures différentes, et étant donné l'impact des émotions et de l'empathie sur la relation à l'autre, il nous semble que le corps est vraiment un axe d'expérimentation à développer dans les accompagnements de coaching en entreprise.

Le corps en mouvement pour favoriser des prises de conscience

Les relations en entreprise sont influencées par le rôle que nous occupons, notre fonction, notre « place ». Changer de place est, comme nous l'avons déjà dit, un moyen essentiel pour voir les événements différemment et faire bouger notre esprit. Le changement de place, le déplacement du corps, peut utilement favoriser des prises de conscience, notamment par le biais des émotions qui émergeront.

Il existe de nombreuses mises en situation permettant ces prises de conscience, et beaucoup peuvent être inventées. Nous avons, pour notre part, expérimenté une mise en situation qui avait pour but de faire réfléchir certains membres d'une équipe sur les relations de pouvoir existant entre eux. Nous avons proposé aux participants de prendre place à tour de rôle sur une chaise. Les autres participants avaient pour mission de tourner autour de la chaise, de plus en plus rapidement et en se rapprochant de plus en plus. Généralement, la personne assise sur la chaise ne met pas longtemps à ressentir un malaise, un sentiment d'oppression, qui se traduit physiquement par des éléments très concrets, comme l'accélération du rythme cardiaque.

Après que chacun eut fait cette expérience, nous avons échangé sur ce qui s'était passé, sur les ressentis des uns et des autres, et surtout, sur la mise en lien entre l'exercice et ce qui se passait concrètement au sein de leur équipe. Cela a permis à certains de prendre conscience de l'impact de leurs actes (de leur posture, de leur façon de parler, etc.) sur les autres. Cet exercice inconfortable est pertinent pour aborder justement des points délicats, comme les rapports de pouvoir ou de domination.

Dans un registre plus positif, nous avons également travaillé avec une équipe sur la notion de confiance. Pour ce faire, nous avons proposé une mise en situation bien connue, qui consiste pour un participant à se laisser tomber en arrière et à se laisser rattraper par un des autres participants. La confiance entre les deux personnes est indispensable à la réussite de l'exercice.

À un moment, il était question qu'une des femmes de l'équipe, la plus petite et menue, rattrape un des hommes, grand et costaud. L'occasion était trop belle… Comme il se doit, chacun des deux était persuadé que l'exercice était impossible ; l'homme n'avait pas confiance dans les capacités de sa collègue à le rattraper, et cette dernière n'avait pas confiance dans ses propres capacités à le faire.

Nous avons montré à la jeune femme comment elle pouvait, en se tenant d'une façon particulière sur ses jambes, en positionnant ses bras comme il le fallait et en se mettant à bonne distance de son partenaire, être sûre de le rattraper. Comme les deux participants étaient de bonne volonté, ils ont réalisé l'expérience… et réussi.

L'exercice, qui se déroulait dans une ambiance mêlée d'appréhension et de bonne humeur, a permis aux membres de l'équipe de s'interroger sur leurs représentations d'eux-mêmes et des autres, sur la notion de capacité, de limite, sur les notions de créativité et d'expertise pour faire face à une situation difficile.

Nous avons pu constater que lorsque cela est possible, il est préférable de mettre en situation, en scène et en mouvement un concept, plutôt que d'en parler de façon théorique. L'apprentissage tiré de l'expérience et des émotions qui traversent le corps est beaucoup plus frappant pour l'individu. La verbalisation permet ensuite de mettre des mots et de conscientiser les sensations, pour inscrire ainsi les changements dans la durée.

▶ **Protocole : mise en espace des problématiques de l'équipe**
Pour chaque problème rencontré dans l'équipe, vérifier si une transposition symbolique peut être réalisée en utilisant la mise en espace, le mouvement, le déplacement des corps. Il s'agit de privilégier ici les exercices sans parole, qui favorisent une prise de conscience passant par les ressentis. La créativité est de mise… Analyser ensuite en grand groupe ce qui s'est passé et reboucler avec la problématique de départ.

La synchronisation corporelle et la balade aristotélicienne

Les exercices qui induisent un contact physique entre les personnes ne sont pas toujours possibles à mettre en place, le rapport au corps étant très codifié en fonction de la culture, chaque personne pouvant aussi avoir une réticence ou une facilité particulières à être en contact avec le corps d'autrui. Des études ont ainsi montré l'existence de normes culturelles en ce qui concerne la distance acceptable à avoir entre deux personnes qui discutent ou qui se croisent dans un ascenseur, sans être gênées.

Comme il serait contre-productif d'inciter des personnes, contre leur gré, à entrer dans un type de rapport au corps qui ne leur est pas familier, d'autres mises en situation peuvent être proposées.

Nous apprécions particulièrement une mise en situation, la balade aristotélicienne, appelée ainsi car il semblerait que Aristote avait coutume de discuter avec ses disciples tout en marchant. Il s'agit d'inviter deux personnes à partir se promener en extérieur et à s'interroger mutuellement sur un sujet particulier, proposé par le coach en fonction de la situation. Le principe est de permettre aux deux personnes de se découvrir mutuellement à partir de questions simples et bienveillantes, auxquelles chacun s'engage à répondre avec sincérité.

La marche, dans cet exercice, est très importante, car elle crée un climat propice à la confiance et à l'intimité. Le rythme des pas, le mouvement jouent également un rôle important dans le ressenti des personnes.

L'observation extérieure de cette mise en situation est très instructive. On constate notamment que plus les personnes se disent des choses sincères et sont dans une écoute de qualité, plus le rythme de la marche diminue, parfois jusqu'à s'arrêter. Les deux personnes reprennent ensuite leur chemin quand elles abordent un autre sujet. On remarque aussi que la position des corps change, et que les personnes ont tendance à adopter la même posture. Comme le rythme de la marche doit forcément s'accorder pour que l'échange ait lieu, il est fréquent que les deux personnes se mettent à marcher exactement du même pas. Chacun adopte un ton de voix propice à l'échange, d'autant plus bas et feutré que les paroles dites sont personnelles et intimes. En d'autres termes, les deux personnes se « synchronisent ». Elles adoptent, sans le savoir, l'attitude de l'autre, ce qui leur permet de se mettre en résonance avec le ressenti de leur partenaire. Et qui dit résonance, dit similarité des émotions, empathie, lien…

La balade aristotélicienne : à utiliser sans modération pour accompagner des équipes multiculturelles.

> **▶ Protocole : la balade aristotélicienne**
> Envoyer les membres de l'équipe se promener à l'extérieur, deux par deux, avec comme consigne de s'interroger sur un sujet d'importance pour l'équipe. Par exemple : « De quoi as-tu besoin pour être bien dans ton travail ? ». Celui qui questionne doit écouter l'autre pendant dix minutes sans l'interrompre, et en l'invitant simplement à poursuivre ou approfondir avec des questions telles que « et quoi d'autre encore ? ». Les rôles s'inversent au bout de 10 minutes. Cette consigne est utile pour assurer une bonne qualité d'écoute et éviter que la parole soit accaparée par le plus bavard des deux.
> De retour en grand groupe, les participants sont invités à échanger sur l'impact de cet exercice sur leur ressenti vis-à-vis de l'équipe.

Développer la créativité interculturelle

Expliciter et chercher l'intention positive

Comme nous l'avons vu précédemment, nous pouvons avoir des désaccords sur les règles et méthodes à employer, notre culture, notre tempérament ou nos habitudes nous ayant appris à faire autrement. Le fait de comprendre le fondement et la raison d'être des règles et méthodes employées par les autres peut nous aider à les admettre et à y adhérer.

Ainsi dans une entreprise que nous avons côtoyée, les managers de certaines équipes ont soudainement demandé à leurs collaborateurs de les mettre en copie de tous leurs échanges mails « importants ». Cette décision a été mal vécue par l'ensemble des personnes, elle a, en effet, été perçue comme une marque de défiance et une volonté de contrôle abusive. Ce n'est que lorsque les managers ont pris le temps d'expliciter ce qu'ils entendaient par « importants », que la règle a pu être comprise et admise par les collaborateurs. Les managers ont ainsi précisé que cette demande ne concernait pas l'ensemble du travail des équipes, mais seulement certains projets cruciaux qui exigeaient d'eux d'avoir une bonne connaissance de la situation. Or, n'étant pas sur le terrain, il leur fallait compter sur le savoir des collaborateurs. Finalement, ce temps d'explicitation a permis à chacun de mesurer la valeur des projets en question et l'importance de la cohésion d'équipe et de la communication pour la réussite de ces projets. C'est comme cela qu'une règle perçue au départ comme une atteinte à l'autonomie des salariés a été considérée ensuite comme fondamentale à la bonne marche des projets.

L'explicitation ne permet pas seulement de balayer les malentendus et les interprétations, elle permet aussi de mettre en évidence *l'intention positive* d'une règle ou d'une méthode.

La question est de se demander, dans la façon de faire de l'autre et dans la sienne, ce qu'il y a de positif à garder. Si une personne passe un temps fou à vérifier chaque étape du processus de fabrication, cela ralentit la productivité, pour autant l'intention positive de cette personne est d'assurer un travail de bonne qualité.

Une entreprise extrêmement hiérarchisée aura l'avantage de présenter un cadre de travail clair avec des responsabilités bien définies entre les uns et les autres et une clarté dans les processus de décisions. Une entreprise sans strate hiérarchique présente l'avantage d'une grande autonomie et créativité de chacun des membres.

Les deux types d'organisation présentent, bien entendu, chacun des désavantages, et c'est là-dessus que « les clans » vont s'affronter (en cas de fusion de deux entités aux fonctionnements si distincts par exemple).

Le premier travail du coach sera donc d'aider les équipes à identifier l'intention positive du fonctionnement de l'autre équipe (ou s'il s'agit d'individus, à identifier l'intention positive de sa façon de faire). La pierre d'achoppement, c'est quand l'explicitation de la position de chacun et la recherche de l'intention positive ne suffisent pas à trouver une position commune. Chacun peut continuer à penser que ses règles et ses méthodes sont meilleures que celles de l'autre, même s'il a compris l'intérêt de ces dernières. Se pose alors la question suivante :

Comment concilier ce qui paraît opposé ?

Comme nous l'avons développé, notre constitution d'humain nous pousse souvent à rechercher les oppositions, les comparaisons, à raisonner en termes de dualité. La faute en incombe-t-elle à l'existence des deux genres et la bipolarisation du monde, comme le présente Françoise Héritier ? Mais est-ce peut-être aussi dû à notre cerveau bicéphale :

cerveau gauche, cerveau droit, chacun ayant ses prérogatives et tentant de tirer les ficelles de notre personnalité ? Ou encore, la faute en revient-elle à notre société qui incite, quoi qu'on en dise, à la compétition ; toute compétition se terminant en un duel entre deux personnes ou entre deux équipes ?

Possible… Mais ce qui est certain, c'est que nos deux cerveaux auraient du mal à fonctionner l'un sans l'autre, l'humanité à se reproduire sans l'existence des deux sexes biologiques, et la société à prospérer sans coopération. Plus concrètement, et pour revenir dans notre sphère professionnelle, doit-on toujours et nécessairement raisonner en termes d'oppositions ? Faut-il forcément être à un bout de l'axe (règle universelle/règle individualisée) ou y a-t-il des possibilités créatives autres entre les pôles qui s'opposent ?

Peut-on à la fois être « garant de la règle commune » et « prêt à faire des exceptions à la règle » ? Une entreprise peut-elle à la fois fonctionner de façon verticale (rapports hiérarchiques bien définis) et en mode projet (un chef de projet animant une équipe dédiée mais sans avoir de liens hiérarchiques avec eux) ?

Pour répondre à ces questions, nous vous proposons de regarder les choses en plusieurs étapes.

La magie du « et »

Dans nos accompagnements individuels, nous avons appris à identifier les nombreuses situations où une personne réfléchit en termes d'opposition et se trouve bloquée dans ses actions, ses croyances l'empêchant de penser autrement qu'en ces termes-là.

Par exemple, une personne que nous avons accompagnée rencontrait dans son domaine professionnel le problème suivant : son client habituel lui proposait tellement de contrats qu'elle n'avait plus de temps pour développer ses propres projets personnels. Pourtant, dire « non » à certaines propositions de ce client était pour elle inimaginable. D'un autre côté, continuer à accepter toutes les propositions du client revenait à renoncer totalement à d'autres projets, et cela n'était pas acceptable non plus.

Un certain nombre de croyances possibles pouvaient être sous-jacentes à cette difficulté. Par exemple:
– si je dis non à mon client, je vais le mettre dans l'embarras, il n'aura pas de solution alternative pour son projet;
– si je dis non à mon client, je me montrerai ingrat car c'est essentiellement grâce à lui que je vis aujourd'hui, et il m'a souvent aidé;
– si je dis non à mon client pour tel projet, il ne me fera plus confiance et je perdrai de futurs contrats avec lui; etc.

Ce que l'on constate, c'est que la croyance limitante se pose très souvent en termes d'opposition duale:
« Si je fais ceci, alors il se passera quelque chose que je ne souhaite pas, et si je ne le fais pas, il se passera autre chose que je ne souhaite pas non plus. »

Il appartient au coach, en questionnant la personne, de déterminer quelle est la véritable croyance limitante qui se cache derrière la difficulté à dire non. Après un travail sur le ramollissement des croyances, le coach peut alors inviter la personne à réfléchir sur la conciliation de ses deux propositions apparemment inconciliables:
« Comment pourriez-vous faire cela... *et* faire cela? », « Comment faire un reproche *et* rester courtois? », « Comment manifester son mécontentement *et* préserver une relation amicale? », etc.

Dans le cas que nous venons d'évoquer, la croyance limitante qui se cachait derrière l'incapacité à dire non à son client était: « Si je lui dis non, je le mets en difficulté et c'est me montrer vraiment ingrat à son égard. » Cette personne avait surtout un conflit de loyauté, cela remettait en question son image d'elle-même et ses propres valeurs. Les termes de son opposition à résoudre auraient pu être ceux-ci:
« Comment pouvez-vous dire non à votre client *et* ne pas le mettre dans l'embarras? »
ou encore
« Comment pouvez-vous dire non à votre client *et* continuer à vous sentir loyal vis-à-vis de lui? »

136

La méthode du « *et* » paraît bien simple, et pourtant… Elle permet en fait de libérer la créativité des personnes, en les obligeant à considérer la possibilité d'une telle proposition. Très souvent (après un travail assez poussé sur les croyances), le simple fait d'inviter la personne à considérer la possibilité du « *et* » l'amène à trouver des solutions.

En l'occurrence, cette personne a décidé d'adopter la méthode suivante : chaque fois qu'elle voudra refuser d'honorer un contrat, elle tâchera de trouver un autre partenaire pouvant la remplacer, afin d'éviter un refus à son client et continuer à entretenir les meilleures relations possibles. Cette façon de faire lui permettra de « dire non » à son client tout en gardant une bonne estime d'elle-même.

Évidemment, d'autres personnes dans le même cas auraient trouvé des solutions différentes. On ne peut juger de la pertinence de la solution trouvée par la personne, ce serait juger de la personne elle-même. Ici, il s'agit de quelqu'un pour qui la valeur de solidarité et de loyauté est primordiale. Le fait de chercher, à la place du client, une solution alternative est un véritable pas vers sa capacité à refuser des contrats, et donc à passer du temps à ses projets personnels. C'est une bonne solution pour elle.

Raisonner en termes de situations et faire preuve de créativité

Il en va de même pour les équipes. Chacune d'entre elles sera confrontée à un certain type d'oppositions qu'il conviendra de formuler avec justesse, et chacune trouvera une solution qui lui sera propre. C'est dans ce sens qu'intervient la créativité.

Nous avons ainsi rencontré une entreprise française œuvrant dans la fabrication de matériel informatique. Rachetée par un groupe indien, elle a dû commencer à collaborer avec des équipes indiennes travaillant sur le même type de produits. Très rapidement, des différences de méthodes importantes sont apparues : l'équipe indienne passait beaucoup plus de temps sur la vérification des processus, le contrôle qualité, la permanence des méthodes, quand l'équipe française cherchait au contraire l'efficacité, le gain de temps et l'innovation dans les méthodes. Bien entendu, chaque équipe était persuadée de la supériorité de son système : pour l'équipe indienne, son travail était de bien meilleure qualité là où celui de l'équipe française montrait un manque de rigueur. Pour l'équipe française, son travail était bien plus innovant là où celui de l'équipe indienne montrait un manque d'efficacité.

Pour ces deux équipes, l'équation à résoudre aurait pu se formuler dans les termes suivants :

« Comment être innovant *et* garant de la qualité de production ? »
ou encore
« Comment garantir la sécurité des processus *et* être efficace ? »

Comme on le devine, un travail d'explicitation des termes a d'abord été nécessaire : qu'entend-on par efficace ? Quels sont les indicateurs qui permettent de dire qu'on est efficace ? Qu'entend-on par qualité ? Quels sont les indicateurs qui permettent de dire que les produits sont de qualité ? Etc.

Ensuite, chaque équipe a recherché l'intention positive dans les méthodes de l'autre équipe. L'histoire passée de chaque équipe a utilement éclairé la vision de l'autre. Ainsi, l'équipe française a mieux compris l'importance accordée par l'équipe indienne à la sécurité des processus après avoir appris qu'elle avait été confrontée, par le passé, à des accidents de production majeurs.

Enfin est venue l'étape de créativité interculturelle, visant à résoudre « l'équation impossible » entre les contraires.

C'est dans le domaine du contrôle, notamment, que de nouvelles méthodes ont été trouvées. Si l'équipe indienne ne voulait pas renoncer au contrôle poussé de la qualité, tout au moins pouvait-elle le faire de façon différente, avec des techniques plus puissantes, plus rapides, en d'autres termes plus efficaces. Ici, la coopération entre les équipes est devenue vraiment intéressante, chacune ayant pu venir enrichir les méthodes de l'autre.

Les deux équipes se sont également mises d'accord sur les étapes du processus de production qui étaient plus sensibles que d'autres et qui méritaient donc une attention plus poussée. Ainsi, chaque équipe a modifié ses méthodes, pas de façon globale et radicale, mais en fonction de l'étape de production, en adaptant à chaque étape celle qui semblait la plus appropriée.

Au lieu de raisonner en termes globaux, généralisants, les deux équipes ont affiné leur approche, en découpant leur processus et en questionnant leur mode d'action sur chacune des étapes de ce processus. De générale, la réflexion est devenue contextuelle, situationnelle.

Retenons ainsi que toute habitude de travail, tout style, tout code, peuvent être traduits en termes de choix organisationnels ou méthodologiques, plutôt qu'en termes de caractéristiques intrinsèques des cultures des uns ou des autres. C'est ce changement de perspective intellectuelle qui permet de trouver des solutions innovantes.

Préciser les règles à l'aide de la contextualisation

Quand nous sommes amenés à accompagner une équipe multiculturelle, c'est généralement que celle-ci est arrivée en situation de crise, de conflit. Quelque chose s'est passé et révèle des divergences qui amènent à vouloir se pencher sur la question interculturelle. C'est plutôt une bonne entrée en matière, cela oblige à raisonner en termes de situations concrètes et non en généralités.

Ce n'est qu'à partir de la situation et du contexte qu'il est possible de trouver des solutions innovantes.

Contextualiser, c'est ne pas rester dans les généralités, dans le flou, dans le «c'est toujours comme ça», «ça ne fonctionne pas», ou au contraire «c'est cette méthode qui fonctionne», etc. Contextualiser oblige à se poser des questions concrètes : quoi, où, comment, par qui? En effet, il convient de toujours s'interroger sur «Qu'est-ce qui ne fonctionne pas? Dans quels cas cela fonctionne-t-il? Dans quelles situations les différences culturelles que vous mettez en évidence se traduisent-elles?», etc.

In fine, cela mène à se poser la question suivante: quelle est la meilleure méthode dans la situation donnée?

Reprenons l'exemple que nous évoquions plus haut: les managers ont demandé à leurs équipes de les mettre en copie de tous les échanges mails concernant certains projets. Cette règle ne s'applique pas à l'ensemble des activités des salariés, mais bien spécifiquement à certains projets, qui nécessitent une attention particulière. En l'occurrence, ce qui s'applique à une situation ne s'applique pas à une autre. Ceci est justifié, compréhensible et efficace pour l'entreprise.

Bien sûr, cela pose la question épineuse de la règle: si chaque situation amène sa propre règle de fonctionnement, ses propres méthodes, alors il risque de ne plus y avoir de règle commune. Or cela ne conduit-il pas soit à l'anarchie, soit à une inflation du nombre de règles puisqu'il faudra envisager toutes les situations possibles?

En réalité, il faut considérer les choses, comme toujours, sous l'angle pragmatique. Si vous êtes amené, en tant que coach ou manager d'une équipe, à vous poser ces questions, c'est probablement que les règles ou méthodes existant actuellement dans l'entreprise ne sont pas adaptées à la situation que vous rencontrez et qui soulève des questions d'ordre interculturel. Il est alors pertinent de chercher de nouvelles façons de faire.

Par ailleurs, tout est question, au fond, de l'échelle sur laquelle on se place. Derrière une multitude de règles précises et spécifiques peut, en effet, se cacher une règle plus générale englobant toutes les autres et donnant une cohérence à l'ensemble. L'objectif sera alors de formuler la consigne générale la plus juste, qui pourra se décliner de façon adaptée à chaque situation par la suite. Ainsi en est-il d'ailleurs de certains textes de loi qui sont écrits dans des termes généraux et peu spécifiques. Cela permet de ne laisser de côté aucune situation *a priori*, et cela oblige ensuite les juristes à réfléchir, voire imaginer quelle est la bonne application de la loi dans une situation donnée (dans un contexte donné), tout en respectant «l'esprit de la loi».

En entreprise, on ne peut pas espérer trouver la règle ou la méthode à la fois précise, spécifique et adaptée à toutes les situations. Il est nécessaire de passer par une règle générale qui servira seulement de fil conducteur aux équipes. Celle-ci devra toujours, quoi qu'il en soit, passer par la contextualisation pour trouver les méthodes adaptées à la situation donnée.

Contextualiser ne veut pas dire « faire une exception à la règle », mais plutôt « trouver la traduction exacte et juste de cette règle dans la situation donnée ».

Travailler en mode projet et déterminer la carte managériale de l'équipe

Poussons l'exploration autour de la notion de contextualisation. Plus nous réfléchissons en termes de situations, de méthodes adaptées à un cas de figure donné, et plus nous pensons logiquement au travail en mode projet.

En effet, qu'est-ce que le travail en mode projet et qu'est-ce qui le différencie du travail classique ?

Le projet se conçoit autour d'un objectif défini à atteindre dans une limite de temps déterminé à l'avance, avec un certain nombre de ressources (humaines, financières…) et de contraintes particulières à prendre en compte. Souvent, l'équipe dédiée à la réalisation d'un projet est une équipe *ad hoc*, créée pour l'occasion et pouvant s'affranchir des relations hiérarchiques vécues par ailleurs par les personnes dans leur quotidien professionnel. Le projet se distingue essentiellement du travail quotidien par son caractère inédit et unique. Le travail au quotidien a, au contraire, un caractère récurrent et pérenne.

Ce que nous retenons avant tout du mode projet, c'est le caractère d'innovation qui lui est forcément associé. Un projet n'est un projet que s'il est nouveau, que son objectif n'est pas encore atteint. À ce titre, toutes les ressources doivent être mises en œuvre de la meilleure façon qui soit pour concourir à cet objectif.

Raisonner en mode projet invite à adopter une posture ouverte. Comme nous sommes dans le registre de l'innovation, les méthodes et les processus ne sont pas préétablis. Ils sont conçus, en amont ou avec les équipes (tout dépend du type de management choisi, plus ou moins participatif). Quoi qu'il en soit, il s'agit de chercher la meilleure façon de faire, dans le cadre précis du projet.

Au-delà d'une méthode de travail, le fonctionnement en mode projet est aussi un état d'esprit. C'est une volonté de toujours chercher à faire mieux, en remettant en cause ses acquis antérieurs (liés à de précédents projets, par exemple). Dans ce sens, le fonctionnement en mode projet est tout à fait adapté au travail en équipe multiculturelle, car il invite chaque individu à laisser de côté ses habitudes et ses certitudes pour s'ouvrir à une réflexion nouvelle. Le projet a en plus une dimension fédératrice et mobilisatrice grâce à l'objectif commun qui motive les personnes à coopérer et trouver des solutions.

Dans de telles dispositions, il est plus facile d'amener une équipe multiculturelle à construire ensemble sa carte managériale d'équipe.

▶ **Protocole : la carte managériale de l'équipe ou de l'équipe-projet**
À partir des cartes managériales individuelles, ou simplement à partir de l'analyse des situations problématiques réalisée par l'équipe pendant le temps de l'accompagnement, cette dernière va à présent construire sa carte managériale collective. Celle-ci est une représentation des choix de l'équipe en termes organisationnels et méthodologiques sur des sujets tels que :
– la manière dont nous choisissons de communiquer dans notre projet ;
– l'autonomie que nous donnons à chacun dans la prise d'initiative ou de décisions ;
– la place que nous donnons au temps, aux délais, à la réflexion et à l'action ;
– le mode de travail que nous privilégions : coopératif/indépendant ;
– etc., en fonction des priorités de l'équipe

Chaque dimension permet d'établir une « règle générale » que chacun s'engage à respecter. Chaque règle est étayée par les actions, méthodes ou comportements concrets qui en découleront : « Si nous choisissons telle règle, comment allons-nous parler, comment allons-nous faire ? »

Chacun est ensuite invité à décliner ces questions pour lui-même : « Comment vais-je adapter mon comportement professionnel en tenant compte de cette règle ? » La réponse à ce questionnement peut donner lieu à un engagement écrit que la personne inscrit sur la carte managériale de l'équipe.

Pour renforcer l'impact de ce travail, l'équipe peut choisir une représentation visuelle de sa carte managériale.

Valeurs et cohésion d'équipe

À la différence des règles qui régissent les comportements et les méthodes de travail, les valeurs sont porteuses de sens. Elles ont une force car elles représentent ce à quoi tiennent les individus qui partagent cette valeur. Plus précisément, les règles découlent des valeurs. D'une valeur de « respect mutuel » va par exemple découler la règle évidente de « se saluer quand on se croise ».

Les valeurs sont la chair et le cœur autour des règles et méthodes qui forment, elles, le squelette de l'équipe. Il est indispensable de travailler sur les deux dimensions. Elles sont nécessaires l'une à l'autre. Sans les règles qui en découlent, les valeurs peuvent n'être que des mots creux relevant de la bonne intention d'une entreprise : « Nous nous engageons à être solidaires, respectueux, tolérants, etc. » Si ces termes ne sont pas mieux définis et traduits en règles ou actions concrètes, ils restent lettre morte comme c'est bien souvent le cas dans les entreprises qui se contentent de signer des chartes internes sans jamais les mettre en application.

Exemple de représentation d'une carte managériale

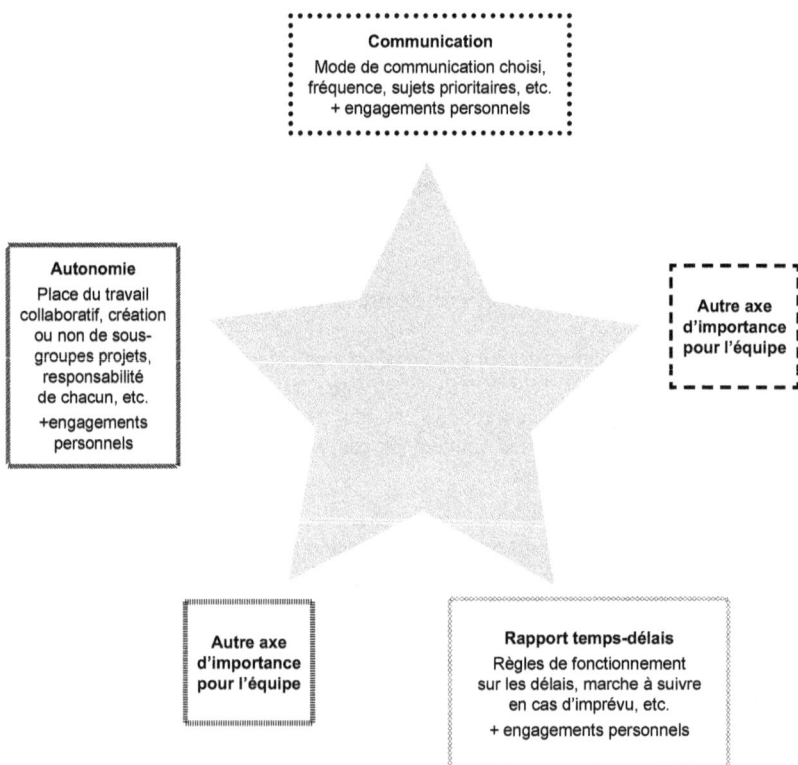

Communication
Mode de communication choisi,
fréquence, sujets prioritaires, etc.
+ engagements personnels

Autonomie
Place du travail
collaboratif, création
ou non de sous-
groupes projets,
responsabilité
de chacun, etc.
+engagements
personnels

**Autre axe
d'importance
pour l'équipe**

**Autre axe
d'importance
pour l'équipe**

Rapport temps-délais
Règles de fonctionnement
sur les délais, marche à suivre
en cas d'imprévu, etc.
+ engagements personnels

À l'opposé, proposer des règles sans les adosser à des valeurs est un risque de priver l'équipe du supplément d'âme nécessaire pour lui donner de la cohésion, de la motivation à être ensemble et, *in fine*, une identité.

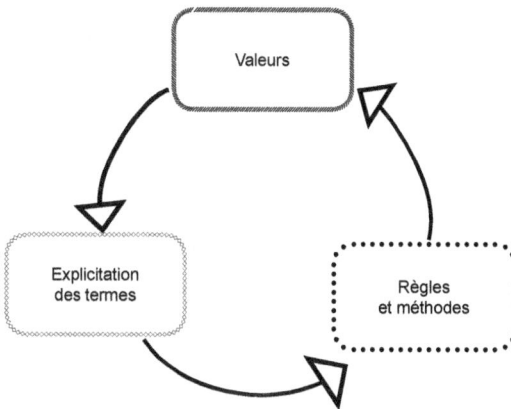

Une entreprise peut décider de travailler en premier lieu autour des valeurs, puis de décliner cela sous forme de règles de fonctionnement et composer sa carte managériale. Ou elle peut partir des règles de fonctionnement et en tirer les valeurs qui viendront à leur tour réalimenter les règles. Peu importe, tant que le cycle entier est réalisé.

Travailler avec une équipe sur les valeurs permet de chercher la finalité dans les actes, et surtout, d'asseoir et consolider une identité d'équipe, qui fera sa force dans le quotidien et dans le temps.

Voici un protocole efficace à proposer à une équipe pour la mettre dans une dynamique positive de travail en cohésion :

▶ **Protocole : le blason de l'équipe**

Le protocole du blason est utilisable en début d'accompagnement d'équipe pour que les membres fassent connaissance, ou au cours de la vie de l'équipe quand des questions fortes ou des tensions surgissent et nécessitent de reposer le socle de valeurs communes sur lequel les personnes pourront coopérer.

Dans les deux cas, le principe est d'abord de partir des individus, avant de passer au collectif. Un premier temps sera donc consacré à l'élaboration, par chacun, de son propre blason, avec les consignes suivantes : dessiner un blason comprenant une devise qui guide votre vie, quatre dessins en réponse à la question : « Qu'est-ce qui est important pour vous ? », une phrase résumant une réussite, trois dessins répondant à la question : « Que savez-vous faire facilement ? » et trois dessins en réponse à la question : « Quels sont vos projets ? »

Chacun présente ensuite son blason aux autres membres de l'équipe qui peuvent le questionner et le valoriser. Par la suite, les membres de l'équipe devront, collectivement, élaborer leur blason d'équipe en répondant aux mêmes questions. Le coach animant la session doit alors guider les participants dans la découverte de leurs valeurs communes, partagées, et qui font sens pour la vie de l'équipe.

Comme pour la carte managériale de l'équipe, chacun est invité à se demander comment ces valeurs vont impacter son comportement professionnel et à prendre des engagements concrets, consignés par écrit.

Avec cette dernière étape sur la créativité interculturelle, nous voici arrivés à la dernière étape du processus. En tant que coach ou manager-coach, vous avez accompagné votre équipe multiculturelle en amenant ses membres à faire connaissance, à se décentrer de leur cadre de référence habituelle, en les invitant à s'intéresser et à comprendre les codes culturels de leurs collègues, en les aidant à amoindrir leurs stéréotypes et leurs croyances limitantes et en créant les conditions pour qu'un lien émotionnel se crée entre ces personnes. Enfin, cette équipe a pu créer sa carte managériale en développant sa créativité interculturelle.

Voici une représentation du travail du coach pendant le processus d'accompagnement. Et maintenant... au travail !

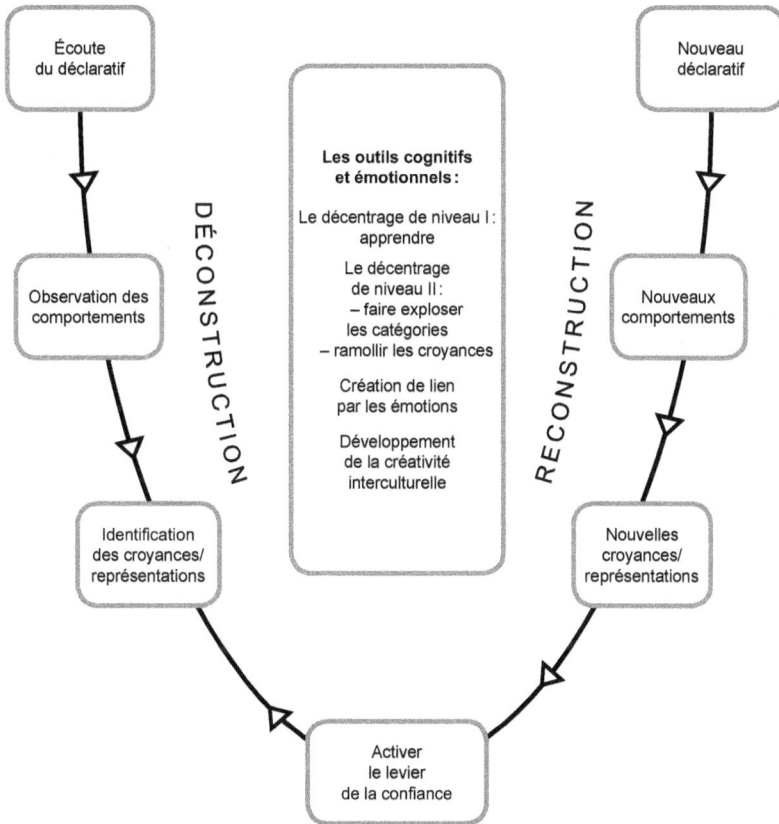

Remerciements à l'équipe « Groupe de recherche »

Le Centre international du coach possède un laboratoire de recherche appliquée, dont l'objectif est de faire évoluer les pratiques du coaching dans le sens du professionnalisme, de l'éthique et de l'efficacité.

Nous tenons à remercier :
Sylvie Alexandre, Laëtitia Bertin, Françoise Bironneau, Sophie Caplanschi, Nadia Challon, Vinciane Dantec, Séverine Decaster, Guillaume Dorvaux, Insaf Fernandez, Isabelle Gallo, Gérard Gateau, Serge Kramer, Gérard Lavaud, Bernard Lounis, Nicole Mouton, Christine Poyard, Angeline Ribadeau Dumas, Véronique Rostas, Minou Wozniak.

Leur participation active au groupe thématique sur le coaching interculturel a permis d'impulser la réflexion sur ce sujet et nous a donné envie de nous lancer dans l'écriture de ce livre.

More Books!

Oui, je veux morebooks!

I want morebooks!

Buy your books fast and straightforward online - at one of the world's fastest growing online book stores! Environmentally sound due to Print-on-Demand technologies.

Buy your books online at
www.get-morebooks.com

Achetez vos livres en ligne, vite et bien, sur l'une des librairies en ligne les plus performantes au monde!
En protégeant nos ressources et notre environnement grâce à l'impression à la demande.

La librairie en ligne pour acheter plus vite
www.morebooks.fr

OmniScriptum Marketing DEU GmbH
Heinrich-Böcking-Str. 6-8
D - 66121 Saarbrücken
Telefax: +49 681 93 81 567-9

info@omniscriptum.com
www.omniscriptum.com

OMNIScriptum

www.ingramcontent.com/pod-product-compliance
Lightning Source LLC
Chambersburg PA
CBHW020706270326
41928CB00005B/295